Erziehen ohne schreien

sorgt für ganz viel Sonnenschein!

GESUNDER GEIST

Alle Ratschläge in diesem Buch wurden vom Autor und vom Verlag sorgfältig erwogen und geprüft. Eine Garantie kann dennoch nicht übernommen werden. Eine Haftung des Autors beziehungsweise des Verlags für jegliche Personen-, Sach- und Vermögensschäden ist daher ausgeschlossen.

Für Fragen und Anregungen:
gesundergeist@gmx.at
Auflage 2020

INHALT

Einleitung

Wenn Sie ehrlich zu sich selbst sind, dann haben Sie es auch schon einmal getan. Wahrscheinlich, weil Sie die Situation nicht mehr unter Kontrolle hatten und sich komplett hilflos oder auch überfordert fühlten. Schimpfen und schreien ist für Eltern oft der letzte Ausweg, um sich bei den Kindern Gehör zu verschaffen. Jedoch erreichen wir damit in der Regel das genaue Gegenteil.

Wer schreit, um seinen Willen durchzusetzen, muss verständlicherweise mit viel Gegenwind und Widerwillen seitens seiner Kinder rechnen. Doch leider ist es im Alltag oft leichter gesagt als getan. Denn Eltern sind auch nur Menschen, die je nach Gefühlslage und Temperament in verschiedenen Situationen unterschiedlich reagieren. Sind Sie ausgeschlafen und fit, laufen Ihre Tage mit den lieben Kleinen mit Sicherheit wie von allein. Kleinere Schwierigkeiten meistern Sie mit links.

Auch Streitigkeiten zwischen Geschwistern lösen Sie an solchen Tagen im Handumdrehen ohne große Probleme. Doch dann gibt es die anderen Tage. Die Tage, an denen Sie sich ausgelaugt und müde fühlen, selbst ein bisschen gereizt sind oder vielleicht am Vorabend Ärger mit Ihrem Partner hatten. Das alles und vieles andere mehr wirkt sich auf Ihr Nervenkostüm aus. Will sich Ihr Kind an solchen Tagen nicht gleich anziehen oder gibt es anderweitig kleine Konflikte innerhalb der Familie, ist es bis zum ersten lauteren Wort nicht sehr weit. Schimpfen und vor allem Schreien haben aber noch andere Auswirkungen auf Ihre Kinder. So ist es wissenschaftlich bewiesen, dass dauerhaftes Schreien nicht nur das Gehör des Kindes schädigt, sondern auch für eine Veränderung der Hirnstruktur verantwortlich sein kann.

Somit ist es nicht nur eine psychische, sondern auch eine körperliche Belastung für Ihr Kind, wenn Sie lautes Schimpfen und Schreien als Erziehungsmaßnahme einsetzen. Diese Tatsache war Ihnen mit Sicherheit noch überhaupt nicht bewusst, denn niemand möchte seinen Kindern absichtlich dauerhaft schaden.

Dieses Buch erklärt Ihnen nicht, wie Sie Ihre Kinder zu kleinen Engelchen erziehen. Und eigentlich möchten Sie das auch gar nicht, richtig? Sie wollen, dass Ihre Kinder zu selbstbewussten, eigenständigen Erwachsenen werden, die mit beiden Beinen im Leben stehen. Das erreichen Sie jedoch nicht, indem Sie bei jedem Fehler den mahnenden Zeigefinger erheben, anfangen, zu schimpfen und laut werden.

Vielmehr soll dieses Buch Ihnen dabei helfen, sich selbst und Ihre Kinder gerade in Konfliktsituationen besser zu verstehen, damit das Zusammenleben in der Familie entspannter und stressfreier verlaufen kann, ganz ohne Geschrei. Dieses Buch möchte Ihnen zeigen, dass Sie mit Verständnis und durch kindgerechte Kommunikation viel mehr erreichen können.

Doch wichtig ist nicht nur viel Verständnis Ihrem Kind gegenüber, sondern auch Verständnis für Sie selbst. Zu wissen, weshalb Sie in manchen Situationen ungehalten reagieren, ist der erste Schritt zur „schreifreien“ Erziehung. Doch bis dahin ist es ein langer Weg und es wird nicht von heute auf morgen funktionieren, die alten Verhaltensmuster abzulegen. Doch mit Geduld, einer kritischen Selbstwahrnehmung, viel Zuversicht und Liebe wird es Ihnen gelingen.

1. Fass läuft über - Warum Eltern der Geduldsfaden reißt

Im Alltag mit Kindern haben es die Eltern nicht immer einfach. Vor allem dann nicht, wenn Termine oder wichtige Treffen anstehen, das Kind in die Kita oder zur Schule gebracht werden muss. Allen Eltern ist dieser Stress am Morgen bestens bekannt. Pünktlichkeit ist eine Tugend, die mit Kindern sehr schwer einzuhalten ist. Denn Kinder sehen die Dinge in Sachen Pünktlichkeit einfach nicht so eng. Das Buch mit den lustigen Bildchen ist einfach gerade interessanter, als sich anzuziehen oder die Zähne zu putzen. Ihnen ist nicht klar, weshalb sie sich beeilen müssen. Dieses typisch kindliche Verhalten führt bei vielen Erwachsenen regelmäßig zu einem gefühlten Vulkanausbruch.

Das Zusammenleben mit Kindern ist für Eltern gerade in solchen Alltagssituationen ein Geduldsakt. Jedoch ist es unglaublich schwierig, diese Geduld Tag für Tag aufs Neue wieder aufzubringen. Und auch für das Kind kann es zum wahren Spießrutenlauf werden, wenn Eltern aus dem Nichts heraus anfangen zu schreien oder zu schimpfen. Denn meist können vor allem kleine Kinder gar nicht verstehen, weshalb Mama oder Papa wütend werden. Um diesen Kreislauf der Wut zu durchbrechen, ist es wichtig herauszufinden, weshalb Sie wütend werden und was Sie aktiv dagegen tun können.

1.1 Wann werden Eltern wütend? Trigger erkennen

Jeder Mensch ist ein Individuum. Sie haben in Ihrem Leben eigene Erfahrungen gesammelt, die Sie zu dem Menschen machen, der Sie nun mal sind. Mit all seinen guten wie auch den schlechten Seiten. So ist es auch nicht verwunderlich, dass jeder seine ganz individuellen Trigger hat, die den Geduldsfaden nur dehnen oder auch reißen lassen. Erkennen Sie sich ebenfalls in folgenden Punkten wieder?
Ich werde wütend, wenn:

- Mein Kind Dinge kaputtmacht, die mir wichtig sind.

- Mein Kind mich anlügt.

- Mein Kind sein Zimmer/seine Spielsachen nicht aufräumt, obwohl ich es mehrmals dazu aufgefordert habe.

- Sich die Geschwisterkinder ohne Pause streiten.

- Mein Kind mich anschreit oder schlägt, obwohl ich es bitte, damit aufzuhören.

- Mein Kind einen Trotzanfall bekommt.

- Mein Kind nicht zur gewohnten Zeit ins Bett gehen will.

- Mein Kind morgens trödelt.

- Mein Kind etwas Besonderes essen möchte, es dann aber liegen lässt.

- Ich hungrig bin.

- Mein Partner mich nicht unterstützt.

- Ich Streit mit meinem Partner hatte.

- Ich krank bin, aber trotzdem alles perfekt managen muss.

- Es nicht nach meinem Plan läuft.

- Mein Kind mir nicht zuhört.

- Ich müde bin.

- Ich mein Kind schon gefühlt tausendmal ermahnt habe, es aber trotzdem nicht hört.

Diese und viele andere Trigger können dafür sorgen, dass Sie wütend werden. Doch die eigentliche Frage ist doch, warum Sie das so wütend macht. Es ist also wichtig, dass Sie sich selbst reflektieren.

Sie sind wichtig!

Einige Punkte auf der oben genannten Liste sind relativ simpel zu lösen. Sind wir hungrig oder müde, dann werden kleine Probleme zu unüberwindbaren Hürden. Das muss aber nicht sein. Wenn Sie müde sind, dann sollten Sie sich eine kurze Auszeit gönnen, wenn das möglich ist. Haben Sie Hunger, dann essen Sie kurz etwas. Für einen kleinen Snack ist eigentlich immer Zeit. Machen Sie sich bewusst, dass Sie nur dann funktionieren können, wenn Sie auf Ihre eigenen Bedürfnisse Rücksicht nehmen. Denn wenn Sie es nicht tun, wer dann? Also seien Sie ruhig auch mal egoistisch. Wenn es Ihnen gut geht, geht es auch Ihrem Kind gut. Das sollten Sie sich immer vor Augen halten.

Bestimmte Trigger nicht nur wegen Ihrem Kind

Kann es vielleicht sein, dass Sie nicht nur Ihr Kind in bestimmten Situationen wütend macht? „Ich werde wütend, wenn mein Mann morgens trödelt.“ Ändert es Ihr Verhalten, wenn es nicht das Kind ist, das morgens trödelt? Oder ist es die Situation an sich, die Sie wütend macht? Horchen Sie in sich hinein, wer oder was genau die Wut auslöst. So können Sie leicht feststellen, ob Sie Ihrem Kind gegenüber spezielle Erwartungen haben, die Sie anderen Ihnen nahestehenden Menschen gegenüber vielleicht nicht haben.

Müssen Kinder unsere Erwartungen immer erfüllen?

Ist es wirklich so? Muss sich Ihr Kind verändern, damit es Ihnen besser geht? Ist es die Aufgabe Ihres Kindes, Sie glücklich zu machen? Oder sollte es doch eher umgekehrt sein? Es ist vermessen, das eigene Glück von den Menschen in unserer Umgebung abhängig zu machen. Vor allem sollten Eltern diese Last auf keinen Fall ihren Kindern aufbürden. Denn Kinder brauchen die Führung und den Halt ihrer Eltern, um sich zu entfalten. Wut und Aggression in gewissen Situationen sind Anzeichen, dass es Ihnen nicht gut geht.

Deshalb ist es umso wichtiger, auf sich selbst zu achten und Lösungen für die Probleme des Alltags zu finden.

Oft unterliegen Eltern der Annahme, dass sich das Kind nach ihren Wünschen zu verhalten hat. Doch was macht das mit diesem Kind? Es lernt, dass es nur dann angenommen wird, wenn es sich unterordnet und tut, was man ihm sagt. Natürlich braucht ein Kind je nach Alter gewisse Grenzen und Regeln, die Sie als Eltern festlegen. Diese sind wichtig, damit sich Ihr Kind frei darin bewegen kann, um sich und seine Persönlichkeit entwickeln zu können. Es gibt allerdings einen feinen Unterschied zwischen Grenzen und Kontrolle. Zu viel Kontrolle und zu hohe Erwartungen belasten die Beziehung zwischen Ihnen und Ihrem Kind. Für eine gesunde Entwicklung ist es wichtig, dass Sie auch loslassen können und Vertrauen in die Fähigkeiten Ihres Kindes haben. Geht dabei mal etwas schief? Klappt es nicht so, wie Sie als Mutter oder Vater es sich gerade wünschen? Natürlich! Jedoch lernt jedes Kind in seinem eigenen Tempo. Das zu respektieren und deswegen nicht wegen jeder Kleinigkeit in die Luft zu gehen ist die Kunst.

1.2 Die Wut beherrschen lernen

Sie sind auch nur ein Mensch. Niemand kann immer perfekt sein, auch wenn wir es versuchen. Die Wut kommt, je nach Auslöser, früher oder später wieder hoch. Wichtig ist, dass Sie sich nicht in dieser Wut verlieren. Mit ein paar einfachen Mitteln lässt sich Ihre aufkeimende Wut kontrollieren.

- Bevor Ihre Wut so richtig aufkochen kann, schnappen Sie sich Ihr Kind und gehen zusammen ein bisschen an die frische Luft. Das hilft Ihnen dabei, etwas Abstand zu gewinnen und klarer zu sehen.

• Gehen Sie aus dem Zimmer und atmen Sie bewusst tief ein und aus. Das sorgt für eine bessere Durchblutung Ihres Gehirns und durch die räumliche Distanz kann Ihre Wut etwas verrauchen.

• Versuchen Sie, sich in Ihr Kind hinein zu versetzen. Wieso reagiert Ihr Kind auf diese Weise? Hat es selbst Ärger oder Ängste? Denken Sie für einen Moment nicht an sich selbst und Ihre Wut, sondern an die Gefühle Ihres Kindes.

• Werfen Sie mit Gegenständen, wenn die Wut zu groß wird. Natürlich nicht mit Tellern oder Tassen. Ein Kissen in die Ecke pfeffern hat schon oft wahre Wunder gewirkt. Und bei einer kleinen Kissenschlacht lösen sich Streitereien fast von selbst. Manchmal kann es bei einem Wutanfall helfen, Ihr Kind zu berühren oder fest in den Arm zu nehmen. Körperkontakt kann Spannungen lösen und Sie zeigen Ihrem Kind, wie wichtig es für Sie ist, auch wenn Sie mal streiten.

Sollte es trotz all dieser Maßnahmen doch einmal passiert sein, dass Sie die Wut überrollt hat, ist es wichtig, dass Sie sich bei Ihrem Kind entschuldigen. Und zwar unmittelbar nach Ihrem Wutausbruch. Versuchen Sie dabei, so ehrlich wie möglich zu sein. Erklären Sie Ihrem Kind, welches Verhalten Ihre Wut ausgelöst hat, dass Ihre Reaktion nicht in Ordnung war und es Ihnen aufrichtig leidtut.

1.3 Das schlechte Gewissen – Alle Eltern machen mal Fehler

Wir alle möchten mit den Menschen, die wir lieben, auch respektvoll umgehen. Und sind es nicht unsere Kinder, die uns mehr als alles andere am Herzen liegen? Wir wollen sie vor allen Gefahren beschützen und ihnen ein gutes Vorbild sein. Jedoch passieren und sagen wir im Alltag manchmal Dinge, die wir so nicht gewollt oder gemeint haben. Und doch haben wir unsere Kinder mit diesem Verhalten sehr verletzt. Selbstzweifel und Kritik an uns selbst sind die Folge. Bin ich eine gute Mutter/ein guter Vater? Zeige ich meinem Kind genug Liebe? Wieso kritisiere ich mein Kind immer so viel? All diese Fragen führen dazu, dass wir in schlechtem Gewissen und teilweise sogar Selbstmitleid zu ertrinken drohen.

Eltern werden ist einfach, Eltern sein dagegen ziemlich schwer. Sie sind mit Ihren Selbstzweifeln nicht allein. Woher sollen Sie denn wissen, was genau in dieser Situation das Beste für Ihr Kind ist? Oder für alle anderen? Oder für Sie selbst? Im Laufe des Elterndaseins stellen sich viel mehr Fragen, als es Antworten darauf gibt. Es gibt leider kein geeignetes Patentrezept, wie Sie sich in welcher Situation zu verhalten haben. Denn auch jedes Kind ist ein Individuum. Was gut für das eine Kind ist, kann vollkommen verkehrt für das andere sein. Sie werden noch sehr viele Fehler machen, das bleibt gar nicht aus. Sie können nicht immer perfekt sein, aber Sie können jeden Tag daran arbeiten, Ihren Idealen gerecht zu werden. Versuchen Sie jedoch auch, sich Ihre Fehler einzugestehen und sich selbst zu verzeihen. Mit einem schlechten Gewissen ist niemandem geholfen, am wenigsten Ihrem Kind.

Hören Sie sich einmal selbst zu

In einer Konfliktsituation mit Ihrem Kind kommt es hin und wieder vor, dass Sie schimpfen oder auch überreagieren. Dieses Verhalten hat jedoch einen Grund. Und dieser kommt nicht von außen, sondern liegt in Ihrem Inneren begraben. Oft handelt es sich um starke Emotionen, die sich langsam aufbauen und dann einfach explosionsartig ausbrechen. Gehen Sie deshalb in sich hinein und fragen sich selbst, warum das gerade passiert ist. Ein schlechtes Gewissen allein wird Ihnen nämlich nicht dabei helfen, der Sache auf den Grund zu gehen. Das müssen Sie schon selbst tun. Um eine Lösung zu finden, damit Sie in ähnlichen Situationen mehr Ruhe bewahren können, müssen Sie die Ursache für Ihr eigenes Verhalten erforschen. Ihr schlechtes Gewissen zeigt Ihnen nämlich eindeutig, dass Ihre Reaktion vollkommen falsch und unangebracht war. Deshalb liegt es nun an Ihnen selbst, etwas an Ihrem Verhalten zu verändern. Nehmen Sie sich eine ruhige Minute und lauschen Sie in sich hinein. Vielleicht werden Sie etwas entdecken, von dem Sie gar nicht mehr wussten, dass es in Ihnen vergraben ist.

2. Was Angst mit uns macht

Eine der stärksten menschlichen Empfindungen ist wohl die Angst. Eltern haben vor allem dann Angst, wenn sie eine Gefahr für Ihre Kinder sehen. Diese Angst kann Eltern in wirklichen Gefahrensituationen zu wahren Höchstleistungen verhelfen. Sind Eltern jedoch zu überängstlich, kann das die Kinder in ihrer Entwicklung einschränken und stark behindern.

2.1 Zu viel Angst macht Kinder unselbstständig

Wir alle kennen sie, die überfürsorglichen Helikoptereltern. Jede noch so kleine Hürde wird dem Kind von dieser besonderen Elternart abgenommen. Nichts darf das Kind ohne ausdrückliche Erlaubnis der Eltern selbst in die Hand nehmen. Balancieren auf einer Mauer? Nie im Leben. Es könnte ja etwas passieren, das Kind könnte sich schwer verletzen. Die Angst, dass dem Kind etwas Schlimmes geschehen könnte, ist allgegenwärtig. Diese Eltern schimpfen in der Regel sehr schnell mit ihren Kindern, wenn diese sich ihrer Ansicht nach in Gefahr bringen. Vielleicht gehören Sie ja auch in diese Kategorie? Doch nicht nur überfürsorgliche Eltern haben ein Problem mit der Angst. Sie sind für Ihr Kind Vorbild. Haben Sie Angst, dass etwas schief gehen könnte, wird sich Ihr Kind gar nicht erst trauen, sich selbst besser kennenzulernen und seine Fähigkeiten auszubauen. Mit zu großer Sorge behindern Sie Ihr Kind darin, zu lernen. Nur durch ihre Erfahrungen begreifen Kinder, wie die Welt funktioniert und wie sie irgendwann selbstständig darin zurechtkommen können.

Kinder, denen eigene Erfahrungen, vor allem die schlechten, verwehrt werden, versagen im Erwachsenenleben häufig, wenn es schwierig wird. Denn sie haben nie gelernt, selbstständig Lösungen für ihre Probleme zu finden. Sie tun Ihrem Kid also nichts Gutes, wenn Sie es in Watte packen. Das soll natürlich nicht heißen, dass Sie Ihr Kind jetzt jeder echten Gefahr aussetzen sollen, sondern versuchen Sie, Ihr Kind manche Entscheidungen selbst treffen zu lassen. Auch oder gerade dann, wenn es etwas schwieriger wird.

Ein Angstausbruch – Noch lauter als Wut

Kinder wollen die Welt entdecken und sind in erster Linie neugierig statt ängstlich. Ein aufgeschürftes Knie gehört für den kindlichen Entwicklungsprozess eben auch ab und an mal dazu. Wie sonst soll Ihr Kind herausfinden, was es alles kann? Natürlich möchten Sie alles Schlechte von Ihrem Kind abwenden. Doch das funktioniert leider nicht immer. Und ab und an kann es selbst bei den entspanntesten Eltern vorkommen, dass ihnen vor lauter Angst fast das Herz stehen bleibt, weil ihr Kind etwas zu waghalsig ist.

Aber anstatt in so einer Situation ruhig zu bleiben und das Kind zu ermahnen oder aus der Gefahrensituation herauszuholen, reagieren Eltern häufig mit schlagartigen Angstausbrüchen. Sie schreien und toben und lassen ihrer Angst freien Lauf. Oft weiß das Kind gar nicht, wie ihm geschieht und was genau es falsch gemacht hat. Es ist sich der Gefahr einfach nicht bewusst, denn es sieht die Welt mit kindlich naiven Augen. Manchmal ist uns gar nicht klar, dass wir uns in Angstsituationen nicht mehr unter Kontrolle haben. Die negativen Gefühle spülen wie eine Welle durch unseren Kopf, sodass wir im ersten Moment unseren Gefühlen komplett ausgeliefert sind.

2.2 Mit starken Emotionen richtig umgehen

Wut, Angst, Schmerz – das sind starke Emotionen, die uns täglich begleiten. Sie sorgen dafür, dass wir nicht mehr vorrangig mit unserem klaren Kopf denken, sondern unseren Gefühlen die Führung überlassen. In manchen Situationen mag das auch vollkommen richtig und auch wichtig sein, aber wenn es um die Erziehung unserer Kinder geht, dürfen uns diese starken, negativen Gefühle nicht grenzenlos übermannen.

Als erstes ist es wichtig, zu verstehen, woher auf einmal die Angst, die Wut oder ein anderes Gefühl plötzlich kommt. Was war der Auslöser dafür? An was hat Sie die Situation erinnert? Machen Sie sich bewusst, dass Sie selbst der Erschaffer dieser Emotionen sind – nicht Ihr Kind oder jemand anders. Die Gedanken kommen von Ihnen. Also sind Sie grundsätzlich auch in der Lage, diese Emotionen zu kontrollieren. Nun ein paar hilfreiche Tipps, wie Sie es schaffen können, Ihre Emotionen in kontrollierte Bahnen zu lenken.

• Versuchen Sie, in sich hinein zu hören. Nehmen Sie Ihre Gefühle ganz bewusst wahr und versuchen Sie, diese nicht unter Verschluss zu halten. Denn wenn Sie das tun, ist ein emotionaler Vulkanausbruch vorprogrammiert. Finden Sie heraus, wo genau sich das Gefühl in Ihrem Körper aufhält. Ist es ein Flattern in Ihrem Bauch oder ein Klopfen in Ihrer Brust? Fokussieren Sie sich genau darauf, denn das lenkt Ihre Aufmerksamkeit genau da hin, wo das Gefühl herkommt, nämlich in Ihr Inneres.

• Wenn Sie die Herkunft des Gefühls lokalisiert haben, folgt der nächste Schritt. Konzentrieren Sie sich auf Ihre Atmung. Hört sich komisch für Sie an? Ist es aber nicht. Denn eine tiefe, kontrollierte Atmung sorgt dafür, dass sich Ihr Puls beruhigt und Ihre Emotionen weniger Wellen schlagen. Stellen Sie sich vor, wie Sie die starke Emotion bei jedem Ausatmen ein bisschen mehr loslassen. Probieren Sie es einfach aus. Tief einatmen, die Emotionen ausatmen.

• Durch die Atemübung haben Sie wieder die Kontrolle über Ihre Gedanken und Gefühle. Nun können Sie herausfinden, an was Sie gedacht haben, bevor die starke Emotion Überhand gewonnen hat. Natürlich ist das erste, an das Sie denken, die vorangegangene Situation. Doch wie Sie wissen, ist das nicht der Auslöser gewesen. Wichtig ist, was Sie in dieser Situation gedacht haben. Machen Sie sich diese Gedanken genau bewusst.

• Jetzt ist es Zeit, diese negativen Gedanken gegen etwas Positives zu tauschen. Sie hatten Angst, dass sich Ihr Kind beim Klettern verletzt und haben sich von dieser Angst übermannen lassen? Denken Sie stattdessen an etwas, das Ihnen weniger oder gar keine Angst macht. In dieser Situation können Sie zum Beispiel daran denken, dass Ihr Kind ziemlich sportlich ist, wenn es so toll klettern kann. Und dass es sich selbst und seinen Fähigkeiten vertraut. Auf diese Weise verändern Sie Angst in

Stolz. Ist das nicht viel besser? Dies war nur ein explizites Beispiel. Auf diese Weise lässt sich aber so gut wie jede negative Emotion in etwas Positives umwandeln.

Das ist das ganze Geheimnis. Sie selbst sind für Ihre Emotionen verantwortlich. Ob Sie etwas Negatives oder lieber etwas Positives in einer Situation sehen, liegt ganz bei Ihnen. Sie sind die Person, die Ihre Emotionen steuern und kontrollieren kann. Niemand anderes sonst, akzeptieren Sie das!

Sollten diese Methoden anfangs nicht auf Anhieb klappen, ist das nicht gleich dramatisch. Denn die Kontrolle Ihrer Emotionen ist reine Übungssache. Haben Sie Geduld. Es ist noch kein Meister vom Himmel gefallen. Wichtig ist, dass Sie niemals vergessen, wer Ihre Emotionen letztlich lenkt – nämlich Sie allein!

3. Ein Blick in den Kopf

Um herauszufinden, weshalb wir in einigen Situationen mit unserem Kind schimpfen, müssen wir ein bisschen tiefer gehen. Nämlich bis in unsere Gehirnwindungen hinein. Denn nur dort wird entschieden, wie wir in den unterschiedlichsten Momenten reagieren. Ja, Sie haben richtig gelesen. Auch wenn Sie denken, dass Sie einfach so, aus dem Bauch heraus, mit Ihrem Kind schimpfen, trifft das nicht immer zu. Es ist in den meisten Fällen eine bewusste Entscheidung, gesteuert von Ihrem Gehirn.

3.1 Der Verstand reagiert

Nehmen wir eine normale Alltagssituation, um herauszufinden, was in Ihrem Hirn vor sich geht. Sie sitzen mit Ihrer Familie am Mittagstisch. Alle sind gut gelaunt und entspannt. Vielleicht haben Sie vorher einen kleinen Spaziergang unternommen oder etwas anderes Schönes gemacht. Ihr Kind ist gerade dabei, nach seinem Glas zu greifen, kann es aber nicht richtig fassen. Es fällt um und der Inhalt verteilt sich auf dem gesamten Tisch.
Ihre Augen sehen das Glas umfallen und senden diese Information an Ihr Gehirn. Was jetzt passiert, geschieht innerhalb von Sekunden, ist allerdings ein sehr komplexer Vorgang.

• Die Bilder werden vom Auge zum hinteren Teil des Gehirns, das sensorische System, geschickt und verarbeitet.

• Dann wird die Information an den präfrontalen Cortex weitergeleitet. Das ist Ihr Verstand. Dieser bewertet nun die Situation.

• Ist die Situation ausgewertet, wird die Entscheidung zur entsprechenden Reaktion getroffen und dann durchgeführt.
In diesem Fall bedeutet das Folgendes:

Im Bruchteil von Sekunden nehmen Sie die Bilder auf, Ihr Verstand untersucht diese und schaut, ob etwas kaputt ist, oder ob sich Ihr Kind verletzt hat. Ist das nicht der Fall, wird die Situation von Ihrem Gehirn als „ungefährlich" eingestuft. Diese Information wird an alle wichtigen Schaltstellen im Gehirn und an Ihren Bewegungsapparat weitergegeben. Sie stellen das Glas hin, stehen auf, holen einen Lappen und wischen den verteilten Inhalt des Glases auf. Vielleicht ermahnen Sie Ihr Kind, dass es das nächste Mal etwas besser aufpassen und das Glas besser festhalten soll.

Was haben wir aus diesem Beispiel gelernt? Im normalen Alltag reagieren Sie nicht im Affekt oder aus Instinkt, sondern überlegt und durchdacht. Ihr Verstand gibt Ihnen vor, welche Handlungsweise nun die Richtige ist. Der Vorteil ist also klar zu erkennen. Der Verstand wertet Situationen aus und hilft uns damit, die beste Entscheidung zu treffen. Auch wenn wir also lieber laut losschreien möchten, so ist uns doch klar, dass das in der Regel nichts bringt. Anstatt also laut mit dem Kind zu schimpfen, weil es nicht aufgepasst hat, sagt uns unser

Verstand, dass wir lieber ruhig und verständnisvoll reagieren sollen. Die Handlung war also nicht impulsiv, sondern lösungsorientiert.

Der Nachteil

Auch wenn sich alles innerhalb von Sekunden abspielt, so ist dieses System in Gefahrensituationen ein bisschen zu langsam. Hören wir beispielsweise hinter uns ein seltsames Geräusch, hat das Gehirn nicht genügend Zeit, dieses Geräusch genau zu analysieren. Deshalb entscheidet es sich für die Abkürzung. Unsere Vorfahren der Urzeit konnten schlichtweg nicht jedes Geräusch oder jedes Bild bis ins Detail analysieren. Wer es doch tat, überlebte wahrscheinlich nicht lange genug, um das Ergebnis umzusetzen. Ist also Gefahr in Verzug, handelt man instinktiv. Die Bilder werden nicht zum Verstand gesendet, sondern sofort zum Bewegungsapparat. Instinktiv versuchen wir dann zu fliehen oder wir begeben uns in Kampfstellung.

In früheren, gefährlichen Zeiten war das sicherlich sinnvoll, denn Gefahren lauerten an jeder Ecke. Doch heutzutage sind diese Abkürzungen nur hinderlich. Wirkliche Gefahren existieren in unserer Gesellschaft nicht mehr, beziehungsweise kaum noch. Die Gefahren, denen wir uns stellen müssen, sind der Streit mit dem Partner oder die Konfrontation mit dem Chef. Viel eher ist also Stress die Gefahr der Moderne.

Stehen wir unter Stress, nehmen Informationen nicht mehr den langen, sondern den kurzen Weg. Der Verstand hat gar keine Chance, sich einzuschalten. Aber wenn der Verstand nicht mehr verantwortlich ist, wer ist dann für die Entscheidungen zuständig, wenn wir unter Stress stehen?

Die Amygdala

In Stresssituationen reagiert der Instinkt. Dieser sitzt im Mandelkern, der sogenannten Amygdala. Ist Gefahr in Verzug, schaltet sie sich ein, um blitzschnell reagieren zu können. Wenn die Amygdala übernimmt, spielen sich dann folgende Szenen im Körper ab:

- Das sympathische Nervensystem, welches für Notfälle und Stress zuständig ist, wird aktiviert.

- Der Herzschlag wird beschleunigt, damit die Muskeln ausreichend mit Sauerstoff versorgt werden, um entweder kämpfen zu können oder wegzurennen.

- Die Atmung wird schneller und flacher, wie bei einem Sprint.

- Der Blutdruck wird erhöht, um bei Verletzungen die Blutgerinnung zu beschleunigen.

- Die Nebennierenrinde wird aktiviert, um uns mit Hormonen wie Cortisol, Adrenalin und Noradrenalin hellwach und aufnahmefähig zu machen.

- Verdauung und Immunsystem fahren herunter, um keine Energie zu verschwenden.

- Der Hippocampus, der Zwischenspeicher des Gehirns, wird gestoppt. Deshalb haben wir nach einem Streit oft vergessen, worum es überhaupt ging.

• Unser Mitgefühl tritt in den Hintergrund, damit wir uns besser zur Wehr setzen können.

• Die Produktion von Glückshormonen wird heruntergefahren, damit sie uns nicht beim Kämpfen oder beim Fliehen beeinträchtigen.

Die Amygdala ist extrem schnell. All das geschieht im Körper innerhalb von Sekunden, sobald das Gehirn in das Notfallprogramm schaltet. Vor allem die Hormone, das Adrenalin, schießt richtig schnell durch den Körper. Doch so schnell, wie unser Körper reagiert, genauso schnell ist dieser Rausch auch wieder vorbei. Entspannt sich die Stresssituation, fährt die Amygdala ihr Notfallprogramm nach 10 Sekunden wieder runter. Wir werden wieder ruhiger und unser Verstand schaltet sich wieder ein. Zehn Minuten später fühlen wir uns so, als wäre nichts gewesen.

Sind Sie jedoch in einem Zustand von Dauerstress gefangen, passiert das, was Sie eigentlich nicht wollen. Der Verstand schaltet ab und macht Platz für Angriff oder Flucht. Gibt es also ein Problem mit Ihrem Kind, werden Sie wahrscheinlich nicht flüchten, sondern angreifen und mit Ihrem Kind schimpfen oder es sogar anschreien. Dies erzeugt wiederum Stress bei Ihrem Kind. Ein unschöner Kreislauf entsteht.

3.2 Weshalb Stress kein guter Erziehungsratgeber ist

Unsere Vorfahren aus alter Urzeit kannten so etwas wie den Stress der heutigen Zeit gar nicht. Ihr Körper war die meiste Zeit wach und entspannt, Informationen wurden vom Verstand in Ruhe geprüft und verarbeitet. Nur in wirklichen

Gefahrensituationen schaltete sich das Notfallsystem des Körpers ein, um entweder vor der Gefahr davonzulaufen oder ums Überleben zu kämpfen. Die so entstandenen Stresshormone wurden schon während des Kampfes oder der Flucht abgebaut. Und auch heute noch kann Bewegung dafür sorgen, dass wir unseren Kopf vom Stress befreien können. Nach einem kleinen Sprint oder einer Runde joggen, sind wir meist viel entspannter.

Stress der Neuzeit

Leider befindet sich unser Körper mittlerweile in einem dauerhaft gestressten Zustand. Stellen Sie sich vor, dass Sie nach der Arbeit im Stau stehen, obwohl Sie eigentlich Ihr Kind von der Schule oder dem Kindergarten abholen sollten. Die Sorge, dass Sie nicht pünktlich sein werden und der Gedanke an den Tadel der Erzieherinnen oder die Enttäuschung im Gesicht Ihres Kindes kann Stress auslösen. In diesen Momenten schaltet Ihr Körper in sein Notfallprogramm. Der Herzschlag beschleunigt sich, Sie atmen schneller und Ihr Verstand verabschiedet sich. In solch einer Situation ist es nicht selten, dass Sie einem anderen Auto die Vorfahrt nehmen oder nicht sehen, dass Ihr Vordermann bremst.

In letzter Sekunde sind Sie doch noch pünktlich angekommen, Ihr Stresslevel ist aber noch nicht gesunken. Denn im Auto hatten Sie keinerlei Chance, den Stress durch Bewegung abzubauen. Ist Ihr Kind nun quenglig oder passiert ein kleines Missgeschick, kann es vorkommen, dass Sie überreagieren und Ihr Kind anschnauzen. In einem entspannten Moment wäre das wahrscheinlich nicht passiert. Aber Sie sind noch im Notfallprogramm gefangen. Ihr Verstand hat gerade Pause. Ohne Bewegung dauert es ein bisschen, bis die Stresshormone abgebaut sind. Geraten Sie nun wieder in Stress, zum Beispiel, weil Sie etwas vergessen haben und noch einmal zurückfahren müssen, dann ist Ihr Körper in einem dauerhaft gestressten Zustand. Es gibt Tage, da kommen wir aus diesem Dauerstress gar nicht mehr heraus. Morgens machen die Kinder nicht richtig mit, bei der Arbeit nerven die Kollegen oder der Chef hat Sie auf dem Kieker, beim Abholen stehen Sie wieder im Stau, die Kinder quengeln bei der Heimfahrt und während Sie das Abendessen vorbereiten. Dann wollen die Kinder nicht essen, was Sie gekocht haben. Die Wohnung sieht aus wie ein Schweinestall und muss noch von Ihnen aufgeräumt werden. Dann kommt Ihr Mann nach Hause, lässt seine schmutzigen Sachen im Weg liegen. Bis endlich alles erledigt ist und Sie in Ihrem Bett liegen, war Ihr Notfallprogramm kein einziges Mal abgeschaltet.

In diesen Momenten fühlen wir uns leer und ausgebrannt. Wir wollen uns ausruhen, aber die Beine hochlegen und abschalten funktioniert auch nicht. Eins müssen Sie sich verinnerlichen: Unser Gehirn ist für diesen dauerhaft gestressten Zustand nicht gemacht. Es ist überladen und kann nicht in seinen normalen Zustand zurückfinden. Klar denken ist in diesem Zustand nicht mehr möglich. Das Schlimmste daran ist aber, dass dieser Dauerstress noch mehr Stress erzeugt. Schaffen wir es nicht, aus diesem Teufelskreis zu entkommen, gehen Areale unseres Gehirns regelrecht kaputt, wie bei einer Waschmaschine, die ohne Pause Wäsche waschen muss. Dieser Umstand führt zu Problemen mit uns selbst und bei unseren zwischenmenschlichen Beziehungen.

Kommen Ihnen diese Gedanken auch bekannt vor?

- **Ich kann einfach nicht runterkommen!**

Stehen Sie unter Dauerstress, ist Ihr ganzer Körper überreizt. Selbst in einer ruhigen Minute können Sie nicht entspannen. Das Notfallprogramm arbeitet im Dauerlauf.

- **Ich kann nicht klar denken!**

Haben Sie dauerhaft Stress, hat Ihr Verstand nichts mehr zu melden. Er ist abgeschaltet und Sie haben keine Chance, ihn zu aktivieren. Informationen zu analysieren. Sich auf Ihre Arbeit zu konzentrieren oder einen Plan zu erstellen fällt unglaublich schwer.

- **Die Kinder benehmen sich ständig daneben!**

In Ihrem Gehirn läuft dauerhaft das Gefahrenprogramm. Deshalb sehen Sie alles, was Ihre Kinder tun, in einem negativen Licht. Die guten Dinge werden aussortiert.

- **Wie soll es nur weitergehen?**

Der Verstand ist im Schlafmodus und die Amygdala hat die Führung übernommen. In diesem Zustand bewerten wir Situationen meist in Wut oder auch Angst. Unter diesem Aspekt kann eine Zukunft nur negativ sein.

- **Wo zum Teufel ist mein Geldbeutel?**

Unter Stress wird der Zwischenspeicher für Erinnerungen deaktiviert. Deshalb fällt es Ihnen so schwer, sich Telefonnummern, Termine usw. zu merken oder Sie vergessen, wo Sie den Geldbeutel oder den Schlüssel hingelegt haben. Das verursacht leider noch mehr Stress.

• Ich kann es jetzt auch nicht ändern!

Durch den Dauerstress werden Glücksgefühle unterdrückt. Sie haben das Gefühl, dass es aus Ihrer Situation keinen wirklichen Ausweg gibt und Sie es auch nicht ändern können, egal was Sie unternehmen. Hält diese Phase des Dauerstresses für längere Zeit an, kann es zu Depressionen oder sogar Burn-out kommen.

• Stell dich nicht so an!

Ihr Mitgefühl für andere wird durch Dauerstress unterdrückt. Deshalb fällt es Ihnen schwerer, Ihren Kindern und auch anderen Menschen gegenüber empathisch zu sein und sich in sie hineinzuversetzen.

Gestresste Eltern und ihre Fehler

Es ist gut, wenn Sie endlich erkennen, dass Sie an Dauerstress leiden und etwas unternehmen wollen. Doch in Ihrer Erziehung ging leider schon vor dieser Erkenntnis so einiges schief. Selbst die Wissenschaft kann bestätigen, dass Stress bei Eltern ein negatives Erziehungsverhalten fördert. Denn sie sind bei Weitem nicht so aufnahme- und leistungsfähig, wie sie meinen. Was genau geschieht mit den Eltern, die im Alltag unter Dauerstress stehen? Wie wirkt sich das dauerhafte Notfallprogramm in Bezug auf unsere Kinder aus? Sind diese Kinder deshalb resistenter gegenüber Stress oder haben eine stabilere und stärkere Psyche? Sind sie gehorsamer, weil gestresste Eltern mehr von ihnen fordern?

Auch wenn es sich logisch anhört, so ist es doch umgekehrt. Weil gestresste Eltern selbst ein negatives Verhalten an den Tag legen, haben sie in der Regel auch oft Kinder mit Verhaltensauffälligkeiten. Diese Kinder funktionieren nicht besser. Im Gegenteil. Gestresste Eltern stellen schier unmögliche Forderungen an die Kinder. Diese versuchen natürlich, den Anforderungen der Eltern gerecht zu werden, doch scheitern kläglich. Und zwar nicht, weil sie die Anforderungen nicht umsetzen möchten, sondern weil sie einfach noch Kinder sind. Sie brauchen liebevolle Anweisungen, nicht geschriene Befehle. In den Augen von dauergestressten Eltern sollen Kinder funktionieren.

- Das Baby soll um Punkt 14 Uhr seinen Mittagsschlaf machen

- Das Kleinkind soll sich ohne Murren anziehen lassen
- Die Geschwister sollen sich nicht ständig wegen Kleinigkeiten in den Haaren liegen

• Das Kindergartenkind soll brav am Tisch warten, bis Sie das Essen gekocht haben

• Im Grundschulalter soll sich Ihr Kind, ohne meckern, an seine Hausaufgaben setzten und danach noch eine Stunde lernen.

• Die Kinder sollen nicht trödeln, wenn wir spät dran sind

• Wenn Besuch da ist, sollen sich die Kleinen von ihrer besten Seite zeigen

• Usw.

Diese Flut an Anforderungen überschwemmt Ihr Kind geradezu. Es kommt, wie es kommen muss: Ihr Kid steht dann ebenfalls unter Stress. Was denken Sie, wie wirkt sich Stress bei einem kleinen Kind aus? Es wird anfangen, sich schwierig zu benehmen. Denn der Verstand hat nun Sendepause. Es wird weinen, schreien, sich mit Ihnen streiten oder anfangen, Fehler zu machen. Die einfachsten Dinge werden vergessen und einige Kinder sagen dann einfach gar nichts mehr, sie frieren sozusagen ein. Doch in ihrem Inneren, da tobt der Stress-Sturm.

3.3 Wo kommt der Stress her?

Weshalb können manche Menschen besser mit Stresssituationen umgehen als andere? Gibt es hier einen speziellen Trick, den diese Menschen anwenden? Es hat viele Gründe, weshalb es einigen Menschen leichter fällt als anderen, die Ruhe zu bewahren. Zum einen liegt es an den Lebensumständen, der persönlichen Belastung und natürlich daran, welches Temperament die Kinder mitbringen. Je temperamentvoller die Kinder, desto schneller geraten Eltern unter Stress. Doch in der Wissenschaft geht man davon aus, dass 30 % der Menschen selbst dann nicht in ihr Notfallprogramm verfallen, wenn alles um sie herum im Chaos versinkt. Lassen Sie uns einen Blick auf 3 wichtige Faktoren werfen, die maßgeblich für unsere Stressresistenz verantwortlich sind:

1. Die Prägung in der Kindheit:

Schon in den ersten Lebensmonaten wird das Stresssystem im Gehirn des Babys programmiert. Das hat sich in der Urzeit bewährt. Während die Menschen in gefährlichen Gebieten mehr auf der Hut sein mussten, waren Menschen in friedlichen Gegenden entspannter. In der heutigen Zeit wird das Notfallprogramm durch eine zu strenge Erziehung oder Verlusterfahrungen zu fein eingestellt. So passiert es, dass diese Kinder schnell in Stress geraten. Sie selbst können nichts dafür, ihr Gehirn wurde so programmiert.

2. Die Gene

Unsere Gene tragen auch ihren Teil dazu bei, wie wir mit Stress umgehen. Experimente mit Ratten haben gezeigt, dass Stresssysteme vererbt werden können. Wird die Mutter starkem Stress ausgesetzt, überträgt sich das auf ihre Kinder, selbst wenn diese noch nie starkem Stress ausgesetzt waren. Dasselbe Muster lässt sich auch auf den Menschen übertragen.

3. Die innere Einstellung

Zwar wurde unser Stresssystem im Grunde vorprogrammiert, aber wie wir letztendlich damit umgehen, liegt einzig und allein in unserer Verantwortung. Wir haben die Möglichkeit, durch Körperwahrnehmung, Meditation und Achtsamkeitsübungen dem Dauerstress den Kampf anzusagen.

3.4 Erste-Hilfe-Tipps bei Dauerstress

Stress ist die größte Plage der heutigen Zeit. Niemand ist vor ihm sicher, vor allem nicht wir Eltern. Denn neben dem Druck von außen setzten wir uns in der Regel selbst immens unter Druck. Immer muss alles nach Plan laufen und wir müssen perfekt sein, weil es unser Umfeld von uns erwartet. Doch das meinen wir nur. Eigentlich erwartet niemand, dass wir perfekt sind. Weder unser Umfeld und vor allem nicht unsere Kinder. Das einzige, das sich unsere Kinder wirklich wünschen, ist, so viel Zeit wie möglich mit uns zu verbringen. Aber weil wir uns selbst zu sehr unter Druck setzten, kommt das leider nur selten vor. Der Stress hat uns fest in der Hand und lässt uns so schnell nicht wieder gehen. Wollen Sie das endlich ändern? Dann wird es Zeit, das Problem anzugehen und die folgenden Tipps in die Tat umzusetzen. In Ihren Augen handelt es sich vielleicht um Kleinigkeiten. Doch genau diese kleinen Veränderungen können Großes bewirken.

Tipp 1: Finden Sie die Stressoren!

Wenn Sie etwas verändern wollen, dann müssen Sie herausfinden, was genau Sie in Stress versetzt und vor allem, wie gestresst Sie aktuell sind. Was würden Sie sagen? Auf einer Skala von 1-10, wie sieht Ihr Stresslevel im Moment aus? Ist er zu bestimmten Tageszeiten höher oder an einem bestimmten

Wochentag? Versuchen Sie, hier so genau wie möglich mit sich ins Gericht zu gehen. Beschönigen Sie nichts. Nur auf diese Weise können Sie die Stressoren erkennen. Die einen sind gestresst, sobald Termindruck entsteht, bei anderen kann auch etwas ganz anderes der Auslöser sein. Sobald Sie wissen, was Ihr Auslöser ist, können Sie aktiv etwas unternehmen.

Tipp 2: Ändern Sie Ihre Einstellung!

Haben Sie sich schon gefragt, wie Ihre eigene innere Stimme eigentlich zu Ihnen spricht? Ist sie fordernd, freundlich oder vielleicht drängend? Wie Sie mit sich selbst umgehen, zeigt Ihnen ganz deutlich, ob Sie mit sich und Ihrer Situation zufrieden sind oder nicht. Wenn Sie sich selbst zu sehr unter Druck setzen, kann Ihnen auch nichts wirklich gelingen. Sie versetzen sich selbst in eine ausweglose, andauernde Stresssituation, die von Ihrer inneren Stimme noch befeuert wird.

Sätze wie „Das schaffe ich niemals“ oder „Wieso habe ich das nicht besser hinbekommen“ sollten Sie von nun an aus Ihrem Wortschatz streichen! Seien Sie etwas nachsichtiger mit sich selbst und geben Sie sich mehr Spielraum für Fehler. Niemand verlangt von Ihnen, dass Sie alles perfekt können. Das tun nur Sie selbst. Je entspannter und nachsichtiger Sie mit sich selbst umgehen, desto stressfreier wird Ihr Alltag.

Tipp 3: Stellen Sie Ihre Ernährung um!

Sind wir gestresst, dann ist uns gesunde Ernährung in den meisten Fällen nicht mehr wichtig. Die einen essen zu viel und zu ungesund, die anderen essen bei Stress wiederum viel zu wenig. Beides ist für unseren Körper schädlich. Durch diese ungesunde Ernährung steigt Ihr Stresslevel wieder an, Sie sind gereizt und haben Schwierigkeiten, sich zu konzentrieren.

Wie Sie seit diesem Kapitel wissen, sorgt Stress dafür, dass sich Ihr Stoffwechsel verlangsamt. Wichtige Nährstoffe werden nur langsam vom Körper aufgenommen, aber gleichzeitig schreit Ihr Körper nach Energie. Vor allem der Blutzuckerspiegel und der Blutfettwert steigen bei Stress extrem an. Ihr Körper verlangt in diesem Zustand nach noch mehr Zucker und Fett.
Diesem Verlangen sollten Sie auf keinem Fall nachgeben, sonst werde Sie niemals aus dieser Spirale entkommen können. Deshalb greifen Sie lieber zu Obst und Gemüse oder zu Vollkornprodukten, denn diese bestehen aus langkettigen Kohlenhydraten, die länger satt machen und den Blutzuckerspiegel stabil halten. Bei Dauerstress empfiehlt es sich, gewisse Vitamine zusätzlich aufzunehmen. So ist die Familie der B-Vitamine wichtig für ein funktionierendes Nervensystem und helfen beim Erhalt einer gesunden Psyche.

Tipp 4: Bewegen Sie sich!

Durch Bewegung bauen Sie den Stress schneller ab. Dazu müssen Sie auch nicht unbedingt ein Spitzensportler sein und einen 5 Kilometerlauf hinlegen. Um Stress abzubauen reicht es auch aus, für eine halbe Stunde zügig zu laufen, ohne außer Atem zu kommen. So kommt mehr Sauerstoff in Ihre Zellen, Ihr Stoffwechsel wird angeregt und die Stresshormone Adrenalin, Cortisol und Noradrenalin werden schneller abgebaut. Nach diesem kleinen Spaziergang werden Sie sich erholt und frisch fühlen. Doch nicht nur ein Spaziergang hilft beim Stressabbau. Wenn Sie Lust dazu haben, melden Sie sich und Ihre Familie bei einem Sportverein an oder gehen Sie in einen Yogakurs. Es gibt so viele Möglichkeiten, wie Sie etwas Sport in Ihren Alltag integrieren können.

Tipp 5: Nehmen Sie sich Zeit!

Um den Stress des Tages abzubauen, hilft es, etwas zu tun, das Sie lieben. Was das ist, wissen Sie für sich selbst am allerbesten. Etwas lesen, gemütlich kochen, ein bisschen Musik, der Gang in die Sauna oder ausgiebig mit Ihren Kindern kuscheln – wichtig ist, dass Sie sich genügend Zeit dafür nehmen. In diesem Zeitraum dürfen Sie sich von nichts anderem ablenken lassen. Schalten Sie das Handy aus, genießen Sie die Zeit. Vielleicht wird daraus sogar ein Ritual, bei dem Sie wieder Kraft tanken können.

Tipp 6: Gesunder Schlaf wirkt Wunder!

Gegen dauerhaften Stress gibt es oft nichts Wohltuenderes als einen gesunden Schlaf, um am nächsten Morgen wieder fit in den Tag zu starten. Das hört sich leichter an, als es tatsächlich ist. Geht es Ihnen nicht auch so, dass Sie die Probleme des Tages abends einfach mit ins Bett nehmen und dann nicht zur Ruhe kommen? Dann wird es Zeit, eine neue Schlafhygiene einzuführen. Das sind gewisse Rituale, denen Sie vor dem Zubettgehen nachgehen. Mit der Zeit gewöhnt sich Ihr Körper an diesen Ablauf und wird ganz von selbst zur Ruhe kommen. Hier einige Beispiele, was Sie vor Ihrer Schlafenszeit verändern können:

- Schalten Sie etwa 1 Stunde vor Ihrer Schlafenszeit Fernseher, Handy, Laptop usw. aus.

- Führen Sie regelmäßige Schlafenszeiten ein, an die Sie sich auch am Wochenende halten.

- Nehmen Sie abends nur noch einen kleinen, leichten Snack zu sich.

- Trinken Sie vor dem Zubettgehen keinen Alkohol oder Kaffee mehr.

- Usw.

Tipp 7: Die To-Do-Liste für den Tag!
Unstrukturiertes Arbeiten führt immer wieder zu Stress, denn es werden nicht alle Aufgaben richtig bearbeitet oder sogar vergessen. Das muss nicht sein. Setzen Sie sich deshalb morgens mit einer Tasse Kaffee an den Tisch und planen Sie Ihren Tag durch. Fangen Sie bei den wichtigen Dingen an und enden mit den Dingen, die weniger wichtig sind. Dabei sollten Sie die großen Aufgaben in kleinere Aufgaben unterteilen, um alles effizient abarbeiten zu können. Das Schöne daran ist, wenn Sie eine Aufgabe erledigt haben, können Sie diese einfach von Ihrer Liste streichen. Das ist ein befreiendes Gefühl.

Seien Sie jedoch flexibel genug, Ihre Liste ein bisschen auf den Kopf zu stellen. Denn im Leben und gerade mit Kindern geht nicht immer alles nach einem konkreten Plan. Am Ende des Tages können Sie jedoch schwarz auf weiß nachlesen, was Sie alles erledigt haben und was Sie am nächsten Tag noch nachholen sollten. So verlieren Sie Ihre Ziele nie aus den Augen.

Tipp 8: Richtig Atmen!

Wenn Ihnen nach einem stressigen Tag das Abschalten immer noch schwerfällt, machen Sie kurze Atemübungen. Indem Sie sich für eine Weile nur auf Ihre Atmung konzentrieren, können Sie wieder zu sich selbst finden und das Notfallprogramm wieder abschalten. Die aus dem Yoga bekannte Wechselatmung sorgt dafür, dass Sie Ihre innere Ruhe wiederfinden und hilft gegen Nervosität.

So funktionierts:

- Als erstes setzen Sie sich mit geradem Rücken auf einen Stuhl, Schultern und Nacken sind dabei entspannt. Ihr Blick geht nach vorn auf den Boden.

- Wichtig ist, dass Sie nur noch über die Nase ein- und ausatmen. Versuchen Sie, gleichmäßig und ruhig zu atmen. Atmen Sie Luft ein, halten die Luft 2 Sekunden und atmen dann ruhig und konzentriert wieder aus.

- Zählen Sie nun bis fünf, dann wiederholen Sie diesen Vorgang.

Tipp 9: Vergessen Sie das Trinken nicht!

Bei Stress ist Ihr Körper in einem absoluten Ausnahmezustand. Ihre Muskeln sind zum Zerreißen gespannt, Ihre Atmung beschleunigt sich und Ihr Blutdruck steigt. Jedoch haben Sie Schwierigkeiten, sich zu konzentrieren und Ihr Verstand hat sich weitestgehend verabschiedet. Damit Sie diesem Effekt wenigstens ein bisschen entgegenwirken können, solltet Sie ausreichend Wasser trinken. Vor allem für Ihr Gehirn ist

Wasser sehr wichtig. Mit ausreichend Flüssigkeit versorgt, sind Sie wacher, fitter und auch leistungsfähiger.
Dummerweise vergessen die meisten Menschen, in Stresssituationen ausreichend zu trinken. Deshalb stellen Sie sich während des Tages immer eine Flasche Wasser in Ihre Nähe. Und zwar so, dass Sie sie auch wirklich sehen können. So haben Sie immer im Gedächtnis, dass Sie etwas trinken sollen.

Tipp 10: Lachen ist die beste Medizin!

Es hört sich im ersten Moment vielleicht ein bisschen komisch an, aber ausgiebiges Lachen entspannt wirklich immer. Selbst, wenn Sie dieses Lachen künstlich erzeugen, wird es Ihren Stresspegel senken. Denn durch Lachen werden jede Menge Muskeln in unserem Gesicht bewegt. Dieser Vorgang sorgt dafür, dass Ihr Körper ganz von selbst Glückshormone ausschüttet, die dabei helfen, die Stresshormone Noradrenalin, Cortisol und Adrenalin schneller abzubauen. Das glauben Sie nicht? Dann probieren Sie es bei der nächsten Gelegenheit aus. Sie werden überrascht sein.

4. Das Selbstwertgefühl – Ich bin etwas wert

Selbstwertgefühl ist etwas tendenziell etwas Wichtiges, darin sind sich alle einig. Doch was ist Selbstwertgefühl genau und was macht es aus? Zum einen definiert sich das Selbstwertgefühl über das eigene Bewusstsein. Welche Talente, Gefühle, Gedanken und Nöte machen den Menschen aus? Zum anderen bestimmt das Selbstwertgefühl, ob sich ein Mensch so akzeptieren kann, wie er ist.

Mit all seinen Stärken und Schwächen. Ein gesundes Selbstwertgefühl entsteht schon in frühester Kindheit. Es wird gestärkt durch die Menschen, die sich für die Gefühle, Gedanken und auch die Nöte des Kindes interessieren.

Wird das Kind ernst genommen, wertgeschätzt, respektiert und auch gehört, kann sich ein starkes Selbstwertgefühl aufbauen. Das Kind lernt, dass es für die Menschen, die ihm am Nächsten stehen, wichtig und wertvoll ist. Bekommt ein Kind diese Werte von den Menschen aus seiner Umgebung nicht vermittelt, wird es ein schwaches Selbstwertgefühl entwickeln. Durch Ignoranz, Wut, Kritik und Gleichgültigkeit ihm gegenüber empfindet es sich selbst als wertlos und nicht wichtig. Ein gesundes Selbstwertgefühl sorgt dafür, dass der Mensch Kritik, Ablehnung oder Widerstand nicht persönlich nimmt und daran verzweifelt. Einflüsse von außen haben dadurch keinen Einfluss darauf, wie ich mich selbst wahrnehme und akzeptiere. Jedoch kann selbst ein stabiles Selbstwertgefühl beschädigt werden. Wird dem Menschen von verschiedenen Seiten suggeriert, dass seine Arbeit, seine Art oder seine Ansichten nicht gut genug sind, kommen über kurz oder lang Selbstzweifel zum Vorschein, die nur schwer wieder abgeschüttelt werden können.

4.1 Selbstvertrauen und Selbstwertgefühl – Der feine Unterschied

Auch wenn viele Menschen davon ausgehen, dass Selbstwertgefühl und Selbstvertrauen zusammengehören, so sind es doch zwei komplett unterschiedliche Dinge. Das Selbstvertrauen beschreibt, was ein Mensch in der Lage ist zu tun, beziehungsweise was er sich selbst zutraut. So wächst das Selbstvertrauen jedes Mal durch neu gemachte Erfahrungen, wenn uns etwas gelingt. Werden wir für die erbrachte Leistung dementsprechend gelobt, stärkt das unser Selbstvertrauen. Je nach Situation ist das Selbstvertrauen mal stärker und mal schwächer ausgeprägt.

Haben wir etwas schon oft getan, ist unser Selbstvertrauen sehr groß. Im Gegensatz dazu ist es weniger ausgeprägt, wenn wir etwas zum ersten Mal tun müssen oder wenn wir etwas gar nicht können. Das Selbstwertgefühl hingegen definiert, wie wir uns selbst sehen. Es in der Theorie unabhängig von der Leistung, die wir tagtäglich erfüllen müssen oder sollen.

Wichtig für ein gutes Selbstwertgefühl ist allein die Tatsache, dass wir uns mit all unseren Stärken und Schwächen annehmen können. Im Alltag ist es allerdings schwierig, Selbstwertgefühl und Selbstvertrauen zu trennen. Denn in unserer Leistungsgesellschaft machen wir den Fehler, unseren Wert allein über unsere Leistung zu definieren. Das bedeutet, dass viele Menschen sich selbst als weniger Wert betrachten, wenn sie ihre Aufgaben nicht erfüllen können. Ohne es zu merken, bringen einige Eltern ihren Kindern schon früh bei, dass allein die Leistung zählt, um Anerkennung zu erhalten.

Denn die Erwachsenen kennen es ebenfalls nicht anders. Gehen Sie also für einen Moment in sich und überlegen Sie kurz, welchen Wert Leistung für Sie selbst hat und ob Sie Ihr Kind teilweise ebenfalls nach seiner Leistung bewerten. Ist es das, was Sie Ihrem Kind vermitteln wollen? Dass es nur wichtig ist, wenn es immer Ihre Erwartungen erfüllt? Oder möchte Sie Ihrem Kind lieber vermitteln, dass es Ihnen immer wichtig ist, auch wenn einmal etwas schief geht?

4.2 Warum ist das Selbstwertgefühl für Ihr Kind so wichtig?

Sich annehmen können, genauso wie man ist. Zu wissen, dass man an sich nichts verändern braucht, um von anderen Menschen geliebt zu werden. Diese tiefen, inneren Überzeugungen sind wichtig und außerordentlich wertvoll für jeden Menschen. Nur wer mit sich selbst im Reinen ist, kann ein erfülltes Leben führen. Das wünschen Sie sich doch auch für Ihre Kinder, nicht wahr?

Das Selbstwertgefühl wirkt sich auf viele Bereiche des Lebens aus:

- Wie wir mit anderen Menschen umgehen.

- Wie wir auf unsere eigenen Bedürfnisse achten.

- Wie wir an bestimmte Herausforderungen des Lebens herangehen.

- Ob wir auch die vielen Freuden des Lebens angemessen würdigen können.

Mit einem ausgeprägten Selbstwertgefühl gehen wir Menschen gestärkt durch unser Leben und können viele Hürden mit eigener Kraft überwinden. Es spielt eine wichtige Rolle, wie wir uns selbst sehen und ob wir uns selbst so annehmen können, wie wir sind. Im Folgenden finden Sie einige Beispiele, auf welche Weise sich das Selbstwertgefühl im Alltag auswirken kann.

1. Werte vertreten können

Indem ein Mensch das akzeptiert, was er ist und was er tut, kann er seinen eigenen Standpunkt auch vor Anderen besser vertreten und für seine Werte einstehen. So ist es zum Beispiel für ein Kind einfacher, die Zigarette seiner Freunde abzulehnen, wenn es mit starkem Selbstwertgefühl ausgestattet ist. Selbst wenn die Freunde lachen, wird dieses Kind seine Werte hoch erhobenen Hauptes vertreten.

2. Bedürfnisse respektieren

Es ist nicht immer einfach, andere Menschen darum zu bitten, dass diese die eigenen Bedürfnisse respektieren. Vor allem dann nicht, wenn man sich selbst nicht respektiert und seinen eigenen Wert anzweifelt. Mit einem gesunden Selbstwertgefühl ist es jedoch einfacher, seine Bedürfnisse anderen Menschen klarzumachen und diese auch einzufordern.

3. Selbstverwirklichung

Wenn man genau weiß, welchen Wert man hat und vor allem, was man alles erreichen kann, dann kann man auch selbstständig werden und versuchen, seine Träume in die Tat umzusetzen. Selbst wenn man mehr dafür tun muss als andere und vielleicht von den eigenen Freunden schräg angeschaut wird.

4. Mut

Wer mutig ist, hat ein ausgeprägtes Selbstwertgefühl. Denn mutig zu sein bedeutet, auch mal ins kalte Wasser zu springen und nicht zu wissen, was einen erwartet oder ob man der Aufgabe auch gewachsen ist. Mit einem guten Selbstwertgefühl ausgestattet weiß man aber, dass der eigene Wert nicht sinkt, selbst wenn man die Aufgabe nicht bewältigen kann. Diese Menschen finden es leicht, neue Dinge auszuprobieren, denn sie haben keine Angst davor, auch mal zu versagen. Jemand mit einem schwachen Selbstwertgefühl wird immer zweifeln, ob sein Können ausreichen wird. Diese Menschen werden nie den Mut aufbringen, sich ins Ungewisse zu wagen. Sie bleiben lieber in ihrer sicheren Komfortzone.

5. Gefühle

Mit einem ausgeprägten Selbstwertgefühl fällt es leichter, sich und seine Gefühle anzunehmen und zu akzeptieren. Es ist auch einfacher, mal die negativen Gefühle wie Angst, Wut oder Trauer zu zeigen, denn sie gehören ebenfalls dazu, genau wie die positiven Gefühle, die ein Mensch in sich trägt.

Menschen mit schwachem Selbstwertgefühl vermeiden es, anderen ihre negativen Gefühle offen zu zeigen. Denn sie haben die Befürchtung dann abgelehnt zu werden. Lieber setzen sie eine fröhliche Maske auf, die sie ihren Mitmenschen präsentieren.

6. Beziehungen

Menschen mit einem schwach ausgeprägten Selbstwertgefühl werden sich immer fragen, ob sie gut genug sind und ob sie es überhaupt wert sind, dass ein anderer Mensch sie mag. Denn wenn sie sich nicht selbst annehmen, wie sollen es dann die anderen können? Sie leiden an starken Selbstzweifeln. Das wiederum führt dazu, dass sie bei anderen Menschen nicht das Positive wahrnehmen, sondern nach deren Fehlern suchen, damit sie sich selbst besser fühlen können.

Wenigstens für einen kleinen Moment. Finden sie diese Fehler nicht bei den anderen, werden sie diese bei sich selbst suchen und natürlich auch finden. Bei Beziehungen ist es aber wichtig, sich gegenseitig zu respektieren. Menschen mit gesundem Selbstwertgefühl wissen, dass sie etwas Wert sind und dass auch die anderen Menschen auf ihre eigene, spezielle Weise wertvoll sind. Sie müssen keine Vergleiche ziehen oder bei anderen Menschen Fehler suchen, um sich selbst hervorzuheben. Auf diese Weise können Beziehungen aufgebaut werden, die auf der Grundlage von gegenseitigem Respekt beruhen.

4.3 Das Selbstwertgefühl Ihres Kindes stärken

Das Selbstwertgefühl ist keine Sache, die Sie Ihrem Kind einfach so geben können, wie zum Beispiel etwas zu Essen oder eine Umarmung. Nein, es ist etwas komplexer. Sie können sich das Selbstwertgefühl vorstellen wie einen ganz kleinen Pflanzensamen. Wenn Sie ihn jeden Tag gießen, hegen und pflegen, wird daraus eine wunderschöne, starke Pflanze entstehen, die Wind und Wetter trotzen kann. Kümmern Sie sich jedoch nicht genügend, wird die Pflanze früher oder später eingehen. Um das Selbstwertgefühl Ihres Kindes zu entwickeln, ist demnach ein langer Wachstumsprozess notwendig, bis es sich vom kleinen Samenkorn zu einer ausgewachsenen Pflanze entwickeln kann. Deshalb ist es in erster Linie notwendig, dass Sie perfekte Rahmenbedingungen schaffen, um das Selbstwertgefühl Ihres Kindes zu stärken.

Dazu gehören in erster Linie natürlich Liebe, Vertrauen, Geborgenheit, Sicherheit, Aufmerksamkeit und Fürsorge. Sind diese Grundvoraussetzungen vorhanden, ist das eine gute Basis, um das Selbstvertrauen Ihres Kindes wachsen zu lassen. Leider tun wir als Eltern manchmal Dinge, die diesen Wachstumsprozess auch negativ beeinflussen und stören. Das tun wir nicht mit Absicht. Denn Eltern versuchen eigentlich immer, im Interesse Ihrer Kinder zu handeln, sie zu beschützen oder ihnen zu helfen. Wir versuchen immer, das Richtige zu tun. Doch manchmal ist das, was wir als das Richtige empfinden, genau das Falsche. Wir merken nicht, dass wir durch unser Verhalten unseren Kindern langfristig schaden können. Deshalb hinterfragen Sie Ihr eigenes Verhalten Ihren Kindern gegenüber. Versetzen Sie sich in einem ruhigen Moment in die Lage Ihres Kindes.

• Was fühlt sich Ihr Kind, wenn Sie wieder einmal zu viel von ihm einfordern?

• Wie verhält sich Ihr Kind danach?

• Haben Sie mit Ihrem Verhalten das Selbstwertgefühl des Kindes gestärkt oder eher geschwächt?

• Möchten Sie gerne so behandelt werden, wie Sie selbst Ihr Kind behandeln?

Durch das Reflektieren der verschiedenen Situationen können Sie erkennen, ob Sie etwas an Ihrem eigenen Verhalten ändern sollten und können damit das Selbstwertgefühl Ihres Kindes wachsen und gedeihen kann.

5. Familie - Der Fels in der Brandung

Für ein Kind gibt es nichts Wichtigeres als seine Familie. Im Idealfall ist die Familie immer da, um das Kind aufzufangen und ihm Schutz zu bieten. Die Eltern sorgen sich um ihre Kinder und helfen ihnen auf ihrem Weg zum Erwachsenwerden. Sie stehen mit Rat und Tat zur Seite, wann immer es Probleme gibt, damit das Kind die Hürden des Lebens irgendwann allein meistern kann. Eine Familie hält dem stärksten Sturm stand und versucht immer wieder, die schlimmsten Schäden miteinander zu reparieren.

In der Familie lernen wir voneinander. Eltern versuchen, ihren Kindern die richtigen Werte zu vermitteln, damit diese lernen, in der Gesellschaft Fuß zu fassen. Inmitten der Familie lernen wir, wie wichtig andere Menschen sind. Eine Familie hat viele Gesichter. Heutzutage muss eine Familie nicht mehr zwangsläufig aus Mutter, Vater und den Kindern bestehen. Es gibt sogenannte Regenbogenfamilien, die Patchworkfamilien oder auch die Gruppe der Alleinerziehenden. Innerhalb der Familie haben nicht nur zwei, sondern auch mehrere Generationen Platz. All diese Familienformen sind vollkommen unterschiedlich. Und doch haben sie so viele Dinge gemeinsam. Sie alle sind in guten und in schweren

Zeiten füreinander da, unterstützen sich in jeder Lebenslage und versuchen jeden Tag, ihr Bestes für ihre Kinder zu geben. Familie sollte in unserer Gesellschaft einen viel höheren Stellenwert haben. Denn sie bringen ihren Kindern bei, wie das Leben in der Gemeinschaft funktioniert und helfen den Kindern dabei, sich zu selbstbewussten, selbstständigen Erwachsenen zu entwickeln, die innerhalb der Gemeinschaft ihre Aufgabe und ihren Platz finden können.

5.1 Stabilität in der Familie

Die Bindung zu den einzelnen Familienmitgliedern und besonders zu den Eltern ist für Kinder existenziell wichtig. Denn in der Familie lernen Kinder das Leben in einer Gemeinschaft, bekommen wichtige Werte vermittelt und haben einen sicheren Ort, an den sie sich zurückziehen können. Innerhalb der Familie sollen sich Kinder wohl und geborgen fühlen. Dabei ist es unwesentlich, ob das Kind in einer klassischen Familie mit Mutter und Vater aufwächst oder ob seine Bezugsperson alleinerziehend ist.

Es kommt in erster Linie darauf an, welches Gefühl Sie Ihrem Kind innerhalb der Familie vermitteln. Gravierende Veränderungen im Leben des Kindes, wie zum Beispiel eine Scheidung, machen aus einem sicheren Hafen einen Ort voller Unsicherheiten und Chaos. Kinder brauchen Beständigkeit, um sich sicher zu fühlen. Sie müssen sich darauf verlassen könne, dass ihre Bezugsperson auch am nächsten Morgen noch an ihrer Seite ist. Große Veränderungen in ihrer Routine machen Kindern große Angst. Leider kann es vorkommen, dass es gravierende Veränderungen innerhalb der Familie gibt, zum Beispiel im Fall einer Scheidung oder wenn ein neues

Familienmitglied dazukommt. Das kann die heile Welt der Kinder ins Wanken bringen. Deshalb müssen Sie vor allem in diesen schweren Zeiten des Umbruchs für Ihr Kind da sein und ihm zeigen, dass sich an Ihrer Liebe nichts verändert, auch wenn sich innerhalb der Familie einiges ändert. Erklären Sie, dass eine Veränderung auch etwas Gutes sein kann und nicht tendenziell schlecht sein muss.

Natürlich wird es einige Zeit dauern, bis sich Ihr Kind an die Veränderung gewöhnt hat. Doch mit viel Einfühlungsvermögen und Geduld kann eine Veränderung auch die persönliche Entwicklung Ihres Kindes fördern und eine Bereicherung für Ihr Kind sein.

5.2 Jeder hat seinen Platz

In jeder Familie gibt es bestimmte Hierarchien. In der Regel sind die Eltern gleichberechtigte Partner, die zu gleichen Teilen die Verantwortung in der Familie tragen und sich um die Erziehung der Kinder kümmern. In gewisser Weise sind die Kinder von ihren Eltern abhängig, denn sie befriedigen die Grundbedürfnisse der Kinder nach Sicherheit, Nahrung und Liebe.

Die natürliche Autorität der Eltern

Kleine Kinder erkennen in den ersten Jahren ganz automatisch die Autorität der Eltern als gegeben an. Sie sind die ersten Vorbilder, die den Kindern alles Wichtige beibringen, was sie über die Welt wissen müssen. In jungen Jahren zweifeln Kinder kaum bis gar nicht die Entscheidungen ihrer Eltern an. Das ändert sich allerdings, je älter die Kinder werden. Irgendwann kommt der Tag, an dem Sie als Eltern nicht mehr alles besser wissen. Kinder wollen in diesem Alter selbst herausfinden, was richtig und was falsch ist. Diese Freiheit sollten Sie Ihrem Kind auch zugestehen. Trotzdem dürfen Sie sich nicht von Ihrer ranghöchsten Position in der Familie stoßen lassen. Denn sonst könnten einige Dinge in der Erziehung Ihres Kindes auf Dauer aus dem Ruder laufen.

Machen Sie Ihrem Kind bewusst, dass es seinen festen Platz innerhalb der Familie hat und dass es daran nichts zu rütteln gibt. Es hat zwar ein gewisses Mitsprache- und Mitbestimmungsrecht bei einigen Familienthemen, dennoch haben Sie als Eltern in einigen Dingen mehr zu sagen.

5.3 Regeln in der Familie

Eine Familie ist eine fest zusammengewachsene Gemeinschaft. Aber sie besteht auch aus Individuen, die alle ihren eigenen Kopf haben. Wenn jeder seinen eigenen Willen versucht durchzusetzen, würde irgendwann das blanke Chaos herrschen. Deshalb sollte jede Familie ihre festen Regeln aufstellen, die das Zusammenleben erleichtern sollen. Hier kann jede Familie für sich individuelle Regeln festlegen. Denn die Menschen sind verschieden. Was für die eine Familie wichtig ist, kann für eine andere Familie nur eine Nebensache sein.

Allerdings gibt es in allen Familien bestimmte Bereiche, wo es ohne eine entsprechende Regel schnell schwierig wird. Natürlich geht es je nach Familie unterschiedlich turbulent zu, jedoch kann vieles durch einfache Regeln noch besser organisiert werden. Darum ist es sinnvoll, gerade in den unterschiedlichen Alltagssituationen Regeln einzuführen, an die sich alle Familienmitglieder halten müssen, auch die Erwachsenen. Vielleicht finde Sie hier auch die eine oder andere Regel für Ihre Familie, die Ihnen das Zusammenleben extrem erleichtern wird.

Regel 1: Die Familie hält zusammen

Jedes Mitglied der Familie steht loyal zu den anderen Familienmitgliedern und würde nie ein schlechtes Wort gegenüber anderen über die Familie verlieren. Gegenseitiger Respekt ist ein Muss, auch wenn man sich vielleicht mal streitet oder anderer Meinung ist. Denn ein Streit innerhalb der Familie kommt immer mal vor. Das ist jedoch kein Grund, ein schlechtes Urteil vor Bekannten oder Freunden über die Familienmitglieder zu fällen.

Regel 2: Familienzeit

Eine Familie muss Zeit miteinander verbringen, um das Zusammengehörigkeitsgefühl zu stärken. Deshalb kommen einmal täglich alle Mitglieder der Familie zusammen und berichten von ihren Erlebnissen des Tages. Am besten eignet sich hierfür das Abendessen, denn es sind alle relativ entspannt und können die gemeinsame Zeit in Ruhe genießen.

Regel 3: Keine Gewalt

Kommt es in der Familie zu Streitigkeiten und Auseinandersetzungen, sollen diese ohne den Einsatz von körperlicher Gewalt oder gefährlicher Gegenstände gelöst werden. Denn wer Gewalt einsetzt, hat von vornherein Unrecht. Hier ist es auch wichtig, dass der Stärkere Rücksicht auf den Schwächeren nimmt.

Regel 4: Ehrlich sein

Auch wenn etwas unangenehm ist und man etwas getan hat, was man nicht hätte tun sollen, muss man die Wahrheit sagen.

Auch und vor allem die Eltern sollten sich genau an diese Regel halten, um den Kindern ein Vorbild zu sein und ihnen zu zeigen, dass es kein Beinbruch ist, einen Fehler zuzugeben.

Regel 5: Konflikte werden ausgetragen

In einer Familie sind Auseinandersetzungen und Konflikte vollkommen normal. Deshalb sollten sie innerhalb der Familie besprochen werden, um gemeinsam eine Lösung zu finden (siehe Familienkonferenz).

Regel 6: Aufgaben erledigen

Das Zusammenleben kann nur dann wirklich funktionieren, wenn jedes Familienmitglied seinen Teil dazu beiträgt. Deshalb hat jeder seine festen Aufgaben im Haushalt, um die er sich kümmern muss. Diese Aufgaben können pro Woche unterschiedlich verteilt werden, sodass jedes Familienmitglied auch die ungeliebten Aufgaben einmal erledigen muss.

Regel 7: Der Alltags-Plan

Je mehr Mitglieder eine Familie hat, desto schwerer ist es, bestimmte Tagesabläufe spontan zu regeln. Darum bietet es sich an, für die morgendliche Routine, die diversen Termine sowie den Einkauf einen Plan zu erstellen. Ein Familienplaner wirkt vor allem beim Einhalten der Termine wahre Wunder und ein morgendlicher Zeitplan für die Benutzung des Badezimmers verhindert weitere Streitigkeiten.

Regel 8: Umgang mit den Medien

Damit es zwischen den Familienmitgliedern keinen Streit gibt, sollten Sie feste Zeiten für Fernsehen, Tablet und Co. einführen.

Regel 9: Das Taschengeld

Das Erhalten von Taschengeld ist für Kinder ein Stück Freiheit. Darum legen Sie am besten ein- bis zweimal im Jahr die Höhe des Taschengeldes neu fest. Hierbei sollten Sie das Alter des Kindes berücksichtigen. Eine Sperre des Taschengeldes sollten Sie nicht unbedingt als Strafe einsetzen. Allerdings können Sie einen Teil des Taschengeldes als Wiedergutmachung einfordern, wenn Ihr Kind absichtlich etwas kaputt gemacht hat.

Regel 10: Benehmen

Jede Familie hat ihre eigene Vorstellung davon, wie sich die Familienmitglieder zu benehmen haben. Legen Sie deshalb genau fest, welche Benimmregeln am Esstisch, beim Umgang miteinander und auch außerhalb der Familie angebracht sind.

Die Familienkonferenz – Konflikte zusammen lösen

Streitigkeiten innerhalb der Familie sind normal und gehören einfach dazu. Doch es kommt vor, dass zwei Parteien, die miteinander im Klinsch liegen, allein keine Lösung finden. In solchen Fällen hilft es, die Familienkonferenz einzuberufen. Manche Probleme lassen sich gemeinsam einfacher lösen.

Vor allem dann, wenn zwei gegnerische Parteien, zum Beispiel zwei Kinder, einen Streit austragen und die Situation ziemlich verfahren ist, kann eine Familienkonferenz helfen. In diesem Fall führt jede Partei ihren Standpunkt aus. Die Eltern fungieren als unparteiische Zuhörer und Vermittler. Haben beide Parteien ihre Sichtweise der Situation ohne Zwischenbemerkungen geschildert, kann jedes Familienmitglied einen Vorschlag für die Lösung des Problems machen. Haben sich die Anwesenden auf eine Lösung geeinigt, verpflichten sich die gegnerischen

Parteien, sich an den Lösungsvorschlag zu halten. Auf diese Weise können Konflikte wohlwollend aufgelöst werden, die ansonsten für tagelange Streitigkeiten gesorgt hätten.

Achten Sie bei Ihrer Familienkonferenz unbedingt darauf, sich gegenseitig zuzuhören und sich ausreden zu lassen. Auch persönliche Angriffe sollten hier nichts verloren haben, sonst verhärten sich die Fronten noch mehr und es kommt zu keinem erfolgreichen Ergebnis. Bei allen Familienstreitigkeiten funktioniert eine Familienkonferenz allerdings nicht. Manche Entscheidungen können und müssen von den Eltern allein getroffen werden. Gerade dann, wenn es um finanzielle Fragen und um Fragen des Jugendschutzes geht, haben Kinder kein Mitspracherecht. Das sollten Sie Ihrem Kind klar verdeutlichen.

5.4 Zweisamkeit ist auch wichtig

Kinder sind das größte Geschenk auf der Welt und für Eltern ein Segen. Aber auch in gewisser Weise ein Fluch. Denn ist das Kind erst mal da, ist es auf einen Schlag vorbei mit der trauten Zweisamkeit. Alles dreht sich im Leben der Eltern nur noch um das Kind. Durchgemachte Nächte, volle Windeln und ein kleiner Tyrann, der alles von Ihnen als Eltern fordert. So sehen nun Ihre Tage aus.

Am Anfang sieht man das Problem vielleicht noch nicht so eng, doch irgendwann macht sich Unmut zwischen den Partnern breit. Wo sind sie geblieben, die gemütlichen Abende kuschelnd auf der Couch, die nächtelangen, anregenden Gespräche oder ein Dinner bei Kerzenschein? Das alles ist Schnee von gestern. Ihre Energie wird allein von Ihrem Kind gefordert. Vor allem Mütter sind in den ersten Jahren vollkommen auf ihr Baby fixiert. Das ist von der Natur genau so gewollt, denn das Baby ist hilflos und braucht in diesen ersten Jahren die volle Aufmerksamkeit und Liebe der Mutter. Eine Beziehung zwischen zwei Menschen muss wachsen und gedeihen, indem man sie pflegt. Wird sie vernachlässigt, geht die Beziehung langsam, aber sicher ein.

Das geschieht vielen Paaren so, ohne dass es ihnen bewusst ist. Denn dieser Prozess ist schleichend. Anfangs haben beide Partner die Babybrille auf und finden es nicht schlimm, weniger Zeit zu zweit zu verbringen oder Zärtlichkeiten auszutauschen. Doch irgendwann wird ihnen klar, dass sie sich auseinandergelebt haben. Die Beziehung hat sich in den Dornröschenschlaf begeben.

Die verschiedenen Ebenen der Beziehung

Paare, die zu Eltern werden, springen zwischen zwei Ebenen hin und her. Der Liebespaar-Ebene und der Eltern-Ebene. Daneben existiert auch noch die Ebene des Einzelnen. Alle diese Ebenen wollen gleichmäßig beachtet und gelebt werden. Wenn es hier zu einem Ungleichgewicht kommt, treten Probleme auf.

- Auf der Ebene des Einzelnen ist das Individuum zu Hause, das seine eigenen Bedürfnisse hat. Das kann ein geliebtes Hobby sein oder einfach nur der Wunsch, in einer ruhigen Minute ein Buch zu lesen oder ein entspannendes Bad zu genießen.

- Im Bereich der Liebespaar-Ebene existieren die beiden Partner, die sich lieben, Zärtlichkeiten austauschen möchten und sich intensiv miteinander beschäftigen wollen.

- Ist das Kind da, ist die Eltern-Ebene die dominanteste Ebene von allen. Das Kind fordert die gesamte Aufmerksamkeit der Eltern. Diese tragen die Verantwortung für ein hilfloses Kind und müssen Entscheidungen treffen, die dem Kindeswohl dienen. Auch wenn das bedeutet, dass sie sich selbst oder auch die Paarbeziehung vernachlässigen müssen. Das Wohl des Kindes steht über allem.

Wenn Sie sich als Paar bewusst sind, dass diese drei Ebenen existieren, können Sie dafür sorgen, dass alle Ebenen genügend Aufmerksamkeit erhalten, ohne dabei eine zu vernachlässigen. Natürlich wird das nicht immer leicht sein. Das ein oder andere Mal wird die Ebene des Einzelnen und auch die Liebespaar-Ebene zurückstecken müssen. Denn das Kindeswohl geht immer vor. Wenn Sie es aber richtig anstellen, wird es immer genügend Raum für Sie als Paar geben, wie auch für Sie als Individuum.

Genügend Zeit zu zweit

In den ersten Wochen sind Sie als frisch gebackene Eltern voll und ganz mit Ihrem Baby beschäftigt. Darum dauert es ein bisschen, bis Sie sich nicht mehr nur als Mutter und Vater, sondern wieder als Mann und Frau wahrnehmen. Sie müssen Ihre Liebe zueinander und das Verlangen oft ganz neu entdecken. Lassen Sie Ihr Kind eine Weile bei den Großeltern, der Tante oder einer anderen Person Ihres Vertrauens und verbringen Sie Zeit zusammen als Paar. Bei Ihrem ersten Date nur zu zweit sollten Sie allerdings nicht zu hohe Erwartungen haben und auf eine heiße Nacht pochen. Gehen Sie lieber zusammen gemütlich aus. Ein leckeres Essen mit einem Glas Wein, ein Spaziergang am Abend oder auch ein gemeinsamer Kinobesuch sollten Sie für den Anfang ins Auge fassen, um sich wieder Stück für Stück näher zu kommen. Sollte sich im Laufe des Abends dann schon mehr entwickeln, ist das wunderbar. Es sollte aber nicht das Ziel der gemeinsamen Zeit sein. Ganz wichtig: Sprechen Sie wenn möglich nicht über Ihr Kind. Es gab doch vor Ihrem Kind auch andere Gesprächsthemen, die Sie beide interessiert haben, oder? Das wird vor allem für den Elternteil schwer sein, der sich hauptsächlich mit dem Kind beschäftigt. Doch wenn Sie es wirklich wollen, dann klappt das auch. Schließlich gibt es für Sie beide nicht nur das Kind, sondern Sie sind auch ein Paar. Holen Sie sich Ihre intensiven Gefühle füreinander zurück. Wetten, dass Sie beide bei Ihrem Date ganz neue Seiten an sich entdecken werden?

Scheuen Sie sich ebenfalls nicht davor, Zärtlichkeiten im Beisein Ihres Kindes auszutauschen. Nur so kann Ihr Kind lernen, wie eine gesunde Paarbeziehung funktioniert und sich noch mehr geliebt und geborgen fühlen.

Genügend Zeit für sich selbst

Sie sollen gute Eltern sein und genügend Zeit für Ihren Partner aufbringen. Ist da wirklich noch Platz für Ihre eigenen Bedürfnisse? Zeit, in der Sie keinerlei Rücksicht auf Ihren Partner oder Ihr Kind nehmen müssen und nur das tun, was Sie wollen? Ja, auch diese freie Zeit für sich selbst sollten Sie sich nehmen. Wechseln Sie sich mit Ihrem Partner ab. Einer von beiden bleibt zu Hause beim Kind, während der andere etwas für sich selbst tut. Auf diese Weise kommen Sie beide nicht zu kurz und können sich ganz auf Ihre Bedürfnisse konzentrieren. Das mag sich vielleicht im ersten Moment sehr egoistisch anhören. Gerade Frauen haben Zweifel, ob sie wirklich so rücksichtslos sein und ihre Familie quasi im Stich lassen können. Doch Sie dürfen sich in dieser Hinsicht kein schlechtes Gewissen einreden und auch nicht einreden lassen. Jeder hat das Recht auf ein bisschen Zeit für sich selbst. Nur so können Sie zur Ruhe kommen und neue Kräfte sammeln, um für Ihr Kind und Ihren Partner wieder 100 % geben zu können.

5.5 Horrorszenario Scheidung – Was nun?

Manchmal sind die Probleme zwischen Ehepartnern so groß, dass als einzig richtiger Ausweg nur die Trennung bleibt. Für Kinder bricht in diesem Fall eine Welt zusammen. „Warum haben sich meine Eltern nicht mehr lieb? Liegt es an mir, dass sich die beiden scheiden lassen?“ Solche und andere Gedanken kreisen in den Köpfen des Kinds herum und lassen sich nicht immer abschalten. Auch der Gedanke daran, dass nicht mehr alle zusammen unter einem Dach leben werden, ist für das Kind beängstigend. Schließlich bedeutet das, dass ein Elternteil nicht mehr unbegrenzt erreichbar ist. Die größte Angst aber ist wahrscheinlich, den ausziehenden Elternteil gar nicht mehr zu sehen. Sollte die Trennung wirklich unausweichlich sein, dann sollten Sie bei allem, was Sie tun oder sagen, immer das Wohl des Kindes im Auge haben und nicht Ihr eigenes. Die Trennung sollte so verträglich wie möglich für Ihr Kind sein. Dazu sind gerade bei den Erwachsenen Kompromisse notwendig, auch wenn diese Ihnen vielleicht nicht hundert Prozent gefallen. Im Folgenden finden Sie einige Tipps, die Ihnen und Ihrem Kind beim Umgang mit der Scheidung helfen können.

1. Wann und wie erklären Sie es Ihrem Kind?

Ob Sie es glauben oder nicht, Kinder haben einen feinen Eltern-Radar und merken es genau, wenn etwas nicht mehr stimmt. Trotzdem ist es für das Kind eine Hiobsbotschaft, wenn die Trennung der Eltern zur Gewissheit wird. Wut auf die Eltern, Trauer über die Situation und auch Schuldgefühle sind übliche Reaktionen, die Kinder im Fall einer Trennung zeigen können. Auch wenn Ihr Kind nach außen hin keine übermäßigen Gefühlsregungen zeigt, so kann doch tief in seinem Inneren das reinste Chaos herrschen.

Beziehen Sie Ihr Kind deshalb frühzeitig in Ihre Pläne mit ein. Erklären Sie ihm am besten gemeinsam, warum Sie sich für die Trennung entschieden haben. Machen Sie klar, dass es natürlich eine Veränderung ist, aber dass Sie beide für Ihr Kind da sein werden und dass Sie es lieben. Mit Ehrlichkeit und etwas Zeit kann Ihr Kind lernen, sich in der neuen Situation zurechtzufinden.

Machen Sie nicht den Fehler und reden Sie vor Ihrem Kind schlecht von Ihrem Expartner. Ganz egal, was dieser Ihnen angetan hat, das hat mit dem Kind in der Regel nichts zu tun und geht nur Sie beide etwas an. Mit negativen Äußerungen stellen Sie sich nur selbst ins Abseits.

2. Behalten Sie das gemeinsame Sorgerecht

Es liegt im Interesse des Kindes, dass beide Elternteile sich das Sorgerecht teilen, auch wenn diese getrennt sind. Denn Ihr Kind sehnt sich auch nach dem anderen Elternteil und möchte Zeit mit ihm verbringen. Diese Zeit sollen und dürfen Sie Ihrem Kind nicht verwehren.

Das Sorgerecht sollten Sie nicht dazu missbrauchen, um Ihren Expartner zu erpressen. Das ist im höchsten Maße unfair. Nicht nur Ihrem Expartner, sondern auch Ihrem Kind gegenüber, weil Sie die Auseinandersetzung auf seinem Rücken austragen.

Letzten Endes bedeutet das gemeinsame Sorgerecht auch, dass Ihr Expartner ebenfalls für das Wohl des Kindes zuständig ist und Sie im Idealfall entlasten kann. Das bedeutet auch etwas mehr Zeit für Sie selbst.

3. Der Umgang mit dem Aufenthaltsbestimmungsrecht

Das Aufenthaltsbestimmungsrecht regelt, bei welchem Elternteil das Kind überwiegend leben soll. Haben Sie das gemeinsame Sorgerecht, überlegen Sie am besten noch vor der Scheidung, bei welchem Elternteil Ihr Kind am besten aufgehoben ist. Oft ist es so, dass das Kind bei dem Elternteil bleibt, der die ehemals gemeinsame Wohnung behält oder im gewohnten Umfeld des Kindes wohnen bleibt. Diese Rolle übernimmt nicht selten die Mutter.

Kommt es jedoch zum Streit zwischen beiden Parteien, dann hat das Familiengericht zu entscheiden, bei wem das Kind hauptsächlich leben soll. In diese Entscheidung fließen viele Dinge mit ein. Zum Beispiel, welcher Elternteil am ehesten für die Erziehung des Kindes geeignet ist, wo das Kid die meisten sozialen Kontakte pflegt und ob sich ein Wohnungswechsel negativ auf die kindliche Psyche auswirkt. Missbrauchen Sie das Aufenthaltsbestimmungsrecht bitte nicht dafür, um durch einen Umzug Ihrem Expartner das Umgangsrecht zu erschweren. Solche Aktionen schaden Ihrem Kind und Ihrer gemeinsamen Beziehung.

4. Das Umgangsrecht

Wenn Ihr Kind bei Ihnen wohnt, hat Ihr Expartner sowohl das Recht als auch die Pflicht, einen regelmäßigen Umgang mit Ihrem Kind zu führen. Auch Ihr Kind hat einen Anspruch darauf, sich mit Ihrem Expartner zu treffen und Zeit mit ihm zu verbringen. Das sollte Sie respektieren, egal welche Streitereien es gegeben hat. Deshalb sollten Sie das Umgangsrecht so regeln, dass sich alle Beteiligten wohl damit fühlen. Am besten sind Zeit, Ort und die Art und Weise des Umgangs fest geregelt.

5. Idealfall Wechselmodell

Beim Wechselmodell handelt es sich um eine spezielle Form des Umgangsrechts. Hier betreuen die Eltern abwechselnd und im gleichen Zeitabstand das Kind. So hat es die Möglichkeit, mit jedem gleich viel Zeit zu verbringen. Dieses Modell funktioniert allerdings nur, wen Sie in der Lage sind, miteinander vernünftig zu sprechen und die Betreuungszeiten zu organisieren. Wohnt ein Elternteil zu weit weg, kann es in Bezug auf Schule oder Ausbildung auch problematisch werden, ständig den Wohnort zu wechseln. Leben beide Expartner jedoch in derselben Gegend, lässt sich das Wechselmodell gut umsetzten und ist für alle Beteiligten ein Vorteil.

6. Kindesunterhalt nach der Düsseldorfer Tabelle

Wenn Ihr Kind nicht bei Ihnen wohnt, haben Sie die Pflicht, Unterhalt zu bezahlen. Auch wenn es für Sie Einbußen bedeutet, sollten Sie nicht ersuchen, den Unterhalt zu verhandeln. Richten Sie sich stattdessen nach der Düsseldorfer Tabelle. Hier wird nach Ihrem Nettoeinkommen und dem Alter Ihres Kindes berechnet, wie viel Unterhalt Sie zahlen müssen. Sollte es zwischen Ihnen und Ihrem Expartner zu einem

Rechtsstreit kommen, wird sich das Gericht ebenfalls nach dieser Tabelle richten.

7. Vermeiden Sie Streitigkeiten wegen des Unterhalts

Als nicht betreuender Elternteil haben Sie eine finanzielle Verantwortung gegenüber Ihrem Kind. Sollten Sie die Unterhaltszahlungen einstellen, kann Ihr Expartner diese bei Gericht einklagen. Zahlen müssen Sie dann so oder so. Denken Sie daran, dass ein Verfahren zusätzlich Geld kostet und Ihrem Kind nur schaden würde. Deshalb sparen Sie sich Ihre Energie und diese Extrakosten. Um einen Rechtsstreit zu vermeiden, statten Sie lieber dem örtlichen Jugendamt einen Besuch ab. Dort können Sie Ihre Unterhaltspflicht in einer Jugendamtsurkunde anerkennen.

8. Wenn der Expartner seinen Unterhaltspflichten nicht nachkommt

Manchmal kann es vorkommen, dass der Expartner den Unterhalt nicht zahlen will oder auch aus finanziellen Gründen gar nicht zahlen kann. In diesem Fall beantragen Sie beim Jugendamt den sogenannten Unterhaltsvorschuss. Dieser ist unbefristet und Sie bekommen ihn bis zum 18. Lebensjahr Ihres Kindes ausbezahlt. Das Jugendamt wird jedoch weiterhin versuchen, das vorgestreckte Geld von Ihrem Expartner einzufordern.

9. Ändern Sie den Familiennamen für Ihr Kind nicht

Der Familienname ist ein Teil der eigenen Identität. Sie sollten ihn Ihrem Kind nicht nehmen, nur weil Sie selbst Ihren eigenen Namen wieder ändern möchten. Tun Sie es doch, kann das, je nach Alter Ihres Kindes, zu psychischen Belastungen führen.

Am besten ist es, Sie sprechen mit Ihrem Kind, was es selbst möchte. Für die Namensänderung ist das Einverständnis Ihres Expartners notwendig.

10. Adoption

Haben Sie einen neuen Partner, kann dieser Ihr Kind nur dann adoptieren, wenn Sie verheiratet sind. Des Weiteren müssen Vorteile für das Kind klar erkennbar sein. Gibt es diese nicht, haben Sie kein Recht, die elterliche Verbindung zu Ihrem Expartner zu lösen.

6. Der Kern des Problems

Manchmal gibt es Momente, da kommt uns das Verhalten unserer Kinder seltsam oder auch übertrieben vor. Vor allem dann, wenn es bei ähnlichen Situationen in der Regel keine Probleme gibt. So ist es befremdlich, wenn das Kind von heute auf morgen nicht mehr in die Kita will und bei der Verabschiedung bitterlich weint, obwohl es sonst immer sehr gerne hingegangen ist. Oft können wir uns keinen Reim auf das neue, ungewöhnliche Verhalten machen und sind dementsprechend ratlos. Irgendwann wissen wir uns nicht mehr anders zu helfen und schimpfen mit unserem Kind. Doch das wird bei tiefsitzenden Problemen nicht helfen und die Situation wahrscheinlich nur verschlimmern. Deshalb ist es wichtig, sich auf die Suche nach der Ursache des Problems zu machen. Denn allein nur die Symptome zu behandeln wird auf Dauer nicht helfen.

6.1 Was steckt hinter dem Verhalten Ihres Kindes?

Aggressionen, Ängste oder Verhaltensauffälligkeiten sind bei vielen Kindern heutzutage leider keine Seltenheit mehr. Natürlich ist jedes Kind anders. Unabhängig von der Erziehung entwickeln Kinder ihren eigenen Charakter, ihr eigenes Temperament und spezielle Wesensmerkmale. Das ist ganz normal. Auch wie wir Erwachsenen haben Kinder ebenfalls gute und schlechte Tage. Vielleicht gab es Ärger mit den Freunden oder etwas anderes ist passiert, was das Kind beschäftigt. So kann es vorkommen, dass Ihr Kind keine Lust zum Spielen hat oder sich schwertut, nachts durchzuschlafen. All diese Dinge sind kein Grund, sich zu sorgen.

Es gibt allerdings Auffälligkeiten, die nicht normal sind und darauf schließen lassen, dass ein tiefsitzendes Problem vorliegt.

Die Warnzeichen erkennen

Wie schon gesagt, sind manche Verhaltensweisen vollkommen normal und gehören zum Entwicklungsprozess Ihres Kindes dazu. Doch es gibt bestimmte Warnzeichen, bei denen Ihre Alarmglocken sofort anspringen sollten. Vor allem dann, wenn sich das Verhalten Ihres Kindes von heute auf morgen vollkommen verändert, ist etwas im Busch. Erkennen Sie das Problem rechtzeitig, können Sie selbst oder auch mithilfe von Erziehern oder Lehrern Ihrem Kind helfen. Diese Warnzeichen lassen sich in körperliche und psychosoziale Symptome einordnen.

Bei Verhaltensauffälligkeiten können folgende psychosoziale Symptome auftreten:

- Gegenüber anderen Menschen oder Gleichaltrigen ist Ihr Kind sehr aggressiv.

- Wichtige Regeln innerhalb der Familie werden mit Absicht nicht eingehalten.

- Ihr Kind drängt sich mit allen Mitteln in den Mittelpunkt.

• Trifft Ihr Kind auf andere Menschen, ist es extrem schüchtern und sehr zurückhaltend.

• Ihr Kind neigt dazu, die Unwahrheit zu sagen.

• Es gibt in der Schule Probleme, zum Beispiel eine Lernschwäche.

• Ihr Kind kann nur schwer Kontakt zu anderen Menschen aufbauen oder isoliert sich vollkommen von Anderen.

• Ihr Kind hat öfter Wutausbrüche und gerät schnell in Rage.

• Ihr Kind weint wegen jeder Kleinigkeit und ist extrem ängstlich.

Neben den psychosozialen Symptomen kommen häufig auch körperliche Probleme hinzu:

• Ihr Kind verletzt sich häufig mit Absicht selbst.

• Es hat ein ungesundes Essverhalten (zu viel oder zu wenig).

• Ihr Kind leidet zunehmend an Schlafstörungen.

• Bettnässen ist bei Ihrem Kind keine Seltenheit.

• Fingernägel kauen oder Haare ausreißen, ist für Ihr Kind normal.

Natürlich müssen Sie nicht sofort alarmiert sein, wenn ein oder zwei dieser Punkte auf Ihr Kind zutreffen. Fallen Ihnen jedoch innerhalb eines längeren Zeitraums mehrere dieser Anzeichen bei Ihrem Kind auf, sollten Sie unbedingt versuchen, etwas zu unternehmen.

Die Ursachen

Verhaltensauffälligkeiten oder Verhaltensstörungen lassen sich durch die unterschiedlichsten Ursachen auslösen. Manchmal sind es körperliche Beeinträchtigungen, die Schuld sind. Aber auch wir Eltern können durch unser Verhalten gegenüber unseren Kindern diese Auffälligkeiten auslösen. Die folgenden Punkte sind maßgeblich für Verhaltensstörungen verantwortlich:

- Traumata in der frühen Kindheit, wie Vernachlässigung, Gewalt oder Missbrauch

- Erbliche Störungen des Gehirns

- Körperliche und geistige Schäden, die während der Schwangerschaft oder der Geburt entstanden sind.

- Schwere Erkrankungen des Kindes und ein längerer Krankenhausaufenthalt

- Vereinsamung

- Zu wenig Anerkennung und Aufmerksamkeit der Bezugspersonen, wodurch sich das Kind ungeliebt fühlt

- Zu hohe Erwartungen, die die Bezugspersonen an das Kind stellen

- Ständiger Misserfolg in der Schule und privat

- Zu starkes Verwöhnen des Kindes

- Inkonsequenz der Eltern

- Ständige Bestrafungen mit zusätzlicher Gewaltanwendung

- Streitereien zwischen den Eltern

Einc Verhaltensauffälligkeit ist der Hilferuf eines Kindes, dass etwas ganz und gar nicht in Ordnung ist. Es versucht auf seine Weise, die Aufmerksamkeit seiner Umgebung auf sich zu ziehen. Ein Kind, das nur selten Aufmerksamkeit von seinen Bezugspersonen bekommt, wird alles Mögliche tun, um diese Aufmerksamkeit zu erhalten. Nicht selten kommt es vor, dass solche Kinder absichtlich irgendetwas anstellen oder sich immer in den Vordergrund spielen. Sie möchten gesehen werden, selbst wenn sie dafür ärger bekommen.

6.2 Nur wer versteht, kann eine Lösung finden

Eines ist nun klar. In der Regel sind wir Eltern oder ein Ereignis aus dem persönlichen Umfeld Ihres Kindes für die meisten Verhaltensauffälligkeiten verantwortlich. Über diesen Umstand sind wir uns oft gar nicht bewusst. Manches mal sagen wir Erwachsenen unbedacht Dinge einfach so nebenbei, die wir selbst gleich wieder vergessen. Aber unsere Kinder vergessen sie nicht. Sie beschäftigen sich tagelang damit, bis sich die unterdrückten Gefühle wie Angst, Wut oder auch Traurigkeit irgendwann ihren Weg auf eine andere Weise ins Freie bahnen. Oft ist es so, dass die Verhaltensauffälligkeit erst Tage nach dem einschneidenden Erlebnis auftritt. So ist es für Eltern schwer herauszufinden, welches Ereignis denn nun genau für das Verhalten des Kindes verantwortlich ist.

Um Ihrem Kind effektiv helfen zu können, müssen Sie auf Ursachenforschung gehen. Versuchen Sie, auf feinfühligem Weg die Antwort aus Ihrem Kind heraus zu kitzeln. Eine Methode, die sich bewährt hat, ist die Spielstunde. Schnappen Sie sich das liebste Kuscheltier Ihres Kindes und nutzen Sie diese als Handpuppe. Ihr Kind spricht auf diese Weise nicht mit Ihnen, sondern mit seinem Freund. Und einem Freund vertraut man leichter Dinge an, die man den Eltern nicht sagen möchte. Fragen Sie auch direkt im Umfeld Ihres Kindes nach, ob etwas Besonderes vorgefallen sein könnte. Manchmal wissen gerade die Erzieher einige Dinge, die Ihnen verborgen geblieben sind.

Hilfe beim Experten

Obwohl Sie alles versucht haben, konnten Sie die Ursache für die Verhaltensauffälligkeit nicht herausfinden und von allein löst sich das Problem leider nicht in Luft auf. Deshalb scheuen Sie sich nicht, jemanden um Hilfe zu bitten. Denn es geht schließlich um Ihr Kind, das Sie über alles lieben.

Erste Hilfe finden Sie bei Ihrem Kinderarzt. Er kann klären, ob bei Ihrem Kind körperliche Probleme schuld an der Verhaltensauffälligkeit sind. Sollte er nichts Auffälliges finden, kann er Sie an einen kompetenten Kinderpsychologen verweisen. Anonyme Beratung und Hilfe bekommen Sie auch telefonisch bei der „Nummer gegen Kummer“. Diese wurde extra für Eltern eingerichtet, die Rat benötigen. Hier sitzen in der Regel Sozialarbeiter am Telefon, die Ihnen gerne weiterhelfen, wenn Sie selbst nicht mehr weiterwissen.

7. Die Kunst des Zuhörens

Die Zeit, die wir aktiv mit unseren Kindern verbringen, ist während der vergangenen Jahrzehnte stark geschrumpft. Das liegt zum einen daran, dass immer öfter beide Elternteile Voll- oder Teilzeit berufstätig sind. Die Kinder sind während dieser Zeit bei der Tagesmutter, den Großeltern oder in der Kita gut versorgt. Also beschränkt sich die „Familienzeit“ auf den Abend oder das Wochenende. Doch wenn wir ehrlich zu uns selbst sind, fehlt uns meistens abends nach einem langen Arbeitstag oft die Energie oder auch die Lust, um uns intensiv mit unseren Kindern und ihrem Tag auseinanderzusetzen. Das soll kein Vorwurf sein, denn Sie als Eltern sind einfach auch nur Menschen. Sie brauchen auch etwas Raum für sich und Ihre Bedürfnisse. Das ist auch richtig und wichtig. Und es bedeutet auch nicht, dass Sie nicht mit Ihrem Kind sprechen möchten. Nur gilt Ihre Aufmerksamkeit einfach nicht „komplett“ Ihrem Kind.

Ist Ihnen das nicht auch schon passiert? Ihr Kind erzählt Ihnen von seinem Tag in der Kita oder der Schule, doch Ihre Gedanken schweifen dabei ständig ab. Sie haben so viel zu erledigen. Oder Sie sind nebenher mit Ihrem Tablet oder dem Handy beschäftigt. Also lauschen Sie den Ausführungen Ihres

Kindes nur mit halbem Ohr. Der Satz „Du hörst mir gar nicht zu!“ wird immer häufiger in so einem Gespräch fallen, bis Ihr Kind sich dazu entschließt, Ihnen einfach gar nichts mehr zu erzählen.

7.1 Wenn Sie nicht zuhören, wer dann?

Wenn die Eltern zu erschöpft oder mit anderen Dingen beschäftigt sind, suchen sich Kinder eine andere Bezugsperson, die ihnen längere Zeit intensiv zuhören kann und möchte. Früher haben sich die Kinder den Großeltern gegenüber geöffnet, denn diese waren in den meisten Fällen immer in greifbarer Nähe und hatten genügend Zeit. Doch auch das hat sich geändert. Oft gehen auch die Großeltern einem Vollzeitjob nach und haben ebenso wenig Zeit wie die Eltern. Oder sie wohnen viel weiter weg und man trifft sich nur zu besonderen Gelegenheiten.

Die meiste Zeit verbringen gerade unsere kleinen Kinder in den Kitas. Da liegt der Gedanke nahe, dass sich die Erzieher unendlich viel Zeit für alle Kinder nehmen können. Doch das ist ein Trugschluss. Denn durch viele verschiedene Umstände können sich auch die engagiertesten Erzieher nicht für jedes einzelne Kind so viel Zeit nehmen, wie sie es sich wünschen würden. Denn im Kita-Alltag ist immer viel los. Spezielle Gruppen wie die Vorschulkinder oder Kinder mit sprachlich auffälligen Defiziten müssen intensiver betreut werden als andere. Hinzu kommt, dass der Personalschlüssel in vielen Kitas auf ein Minimum reduziert ist. Es werden immer größere Gruppen gebildet, jedoch nicht mehr oder zu wenige Erzieher eingestellt. Das bedeutet leider auch, dass selbst in der Kita nicht immer genügend Zeit ist, um mit jedem Kind ein intensives Gespräch zu führen. Wenn ein Kleinkind lernt, dass es eigentlich nie die volle Aufmerksamkeit seiner Bezugspersonen bekommt, hat das negative Folgen. Langfristig wirkt sich das nicht nur auf das emotionale sowie soziale Verhalten des Kindes aus, sondern kann unter Umständen auch zu Defiziten in der kognitiven und sprachlichen Entwicklung führen.

7.2 Gutes Zuhören – Was heißt das überhaupt?

Zuhören ist nicht gleich zuhören. Denn in unserem oft sehr stressigen Alltag bekommen wir von dem, was uns unser Kind erzählen möchte, nur die Hälfte mit. Es gibt so viel anderes nebenher zu tun, dass sich unsere Konzentration verteilen muss. So filtert unser Gehirn sozusagen nur das in seinen Augen wichtigste aus dem Gesagten heraus oder stellt ganz auf Durchzug. Dabei passiert es leider sehr häufig, dass wir neben dem Gesagten auch die nonverbalen Signale unseres Kindes nicht richtig deuten. Das führt zu Missverständnissen auf beiden Seiten und endet meist mit Frust bei Ihnen und Ihrem Kind. Zuhören ist schwerer, als es auf den ersten Blick scheint. Denn nur mit dem Hören oder Hinhören allein ist es nicht getan. Wo genau besteht also der Unterschied?

Der Unterschied zwischen Hören, Hinhören und Zuhören

Hören können wir alle, falls nicht eine akute Störung vorliegt. Unser Ohr hört ganz automatisch, ob wir es wollen oder nicht. Das können angenehme Geräusche sein, wie zum Beispiel Musik oder die Stimme unseres Partners und unserer Kinder, wenn sie mit uns sprechen. Doch es werden auch unangenehme Geräusche von unserem Ohr aufgenommen, wie zum Beispiel lautes schreien und quengeln, das nervende Klingeln des Weckers und vieles mehr, was wir als unangenehm empfinden.

Diese auffälligen Geräusche nehmen wir wahr, ohne uns großartig anstrengen zu müssen. Sie werden allein durch ihre Lautstärke wahrgenommen. Anders sieht es mit dem Hinhören aus. Wir hören es natürlich, wenn unser Kind uns anspricht. Sind wir allerdings mit etwas anderem beschäftigt, hören wir zwar hin, aber nicht richtig zu. So können wir nur das Gesagte aufnehmen, wissen auch in etwa, was das Kind meint. Das Wesentliche bekommen wir jedoch überhaupt nicht mit. Denn in solchen Situationen achten wir nicht auf nonverbale Signale und den Tonfall des Kindes. Das hat zur Folge, dass unser Kind zuerst den Eindruck gewinnt, dass wir zuhören. Dann im Laufe des Gesprächs aber muss es leider feststellen, dass dem doch nicht so ist. Die Enttäuschung ist also immens.

Richtiges, aktives Zuhören zeichnet sich jedoch dadurch aus, dass wir uns in unseren Gesprächspartner hineinversetzen und versuchen zu verstehen, was in ihm vorgeht. Es geht darum, nicht nur auf das tatsächlich Gesagte zu achten, sondern auch die feineren Zwischentöne und Botschaften wahrzunehmen, die jeder Mensch aussendet. Gerade Kindern fällt es schwer, offensichtlich und deutlich auszusprechen, was sie genau meinen. Deshalb sind die nonverbalen Signale sowie die Worte zwischen den Zeilen hier besonders wichtig. Schenken wir unserem Kind die Aufmerksamkeit, die es benötigt und hören wirklich zu, dann stärken wir nicht nur sein Selbstvertrauen. Unser Kind lernt auf diese Weise ebenfalls, wie es richtig zuhört. Wir als Eltern haben auch in dieser Hinsicht eine wichtige Vorbildfunktion gegenüber unseren Kindern.

7.3 Was Sie am Zuhören hindert

Nicht nur der Stress im Alltag hindert uns am aufrichtigen Zuhören. Oft nehmen wir die Sorgen und Nöte unserer Kinder nicht ernst genug und tun sie als Lappalie ab. Dabei bräuchte unser Kind genau jetzt unsere volle Aufmerksamkeit und Hilfe. Achten Sie mal darauf, ob Sie sich selbst dabei erwischen, wie Sie das Gesagte Ihres Kindes als unwichtig einstufen. Wetten, dass das ziemlich häufig passiert?

In vielen Alltagssituationen reagieren wir genervt oder ärgerlich, wenn unser Kind mit uns reden möchte. Sehr häufig möchten wir

- einfach den Haushalt fertig bekommen
- nur etwas Ruhe und Zeit für uns selbst
- ein Gespräch mit unserem Partner führen, ohne dass jemand dazwischen quatscht
- die Lieblings-Fernsehsendung anschauen
- im Internet surfen
- ein wichtiges Telefonat führen

Es fallen Ihnen sicherlich auch noch ein paar Situationen ein, bei denen Sie lieber nicht gestört werden oder Ihre Ruhe haben wollen und einfach gar keine Zeit für aufmerksames Zuhören bleibt. Natürlich können Sie nicht immer aktiv zuhören, wenn Ihnen Ihr Kind etwas erzählen will. Die Kunst ist es jedoch herauszufinden, wann es wichtig ist zuzuhören und wann nicht unbedingt. Sie selbst kennen Ihr Kind am besten. Deshalb halten Sie Ihre Sinne offen, um die feinen Nuancen zu erspüren, wenn Ihr Kind etwas Wichtiges umtreibt und Ihre Hilfe braucht. Denn sind wir mal ehrlich, nichts auf dieser Welt kann wichtiger sein als Ihr Kind. Auch nicht der Wäscheberg oder die neueste Folge der Desperate Housewives.

7.4 Wie Kinder zuhören lernen

Kinder achten sehr genau darauf, wie Sie als Eltern sich verhalten. Wenn Sie Ihrem Kind und auch anderen Menschen aktiv zuhören, werden sich Ihre Kinder dieses Verhalten bei Ihnen abschauen. Denn Ihr Kind orientiert sich an dem, was Sie tun. Sie sind sein erster Lehrer, seien Sie sich dessen immer bewusst. In der Schule, aber auch in der Familie, lernen Kinder wichtige Dinge für ihr späteres Leben. Haben sie jedoch nie gelernt, richtig zuzuhören, werden sie diese Dinge niemals richtig lernen. Sie sind einfach nicht imstande, die gesagten Worte ihres Gegenübers richtig zu verstehen.

Ein Kind, das aktives Zuhören gelernt hat, kann sich besser auf andere Menschen konzentrieren, wie auch auf das, was die Menschen zu ihnen sagen. Aufgaben und Anweisungen richtig befolgen fällt diesen Kindern leichter als anderen. Auch können Kinder, die zuhören, besser mit Konfliktsituationen umgehen und effizientere Lösungsansätze finden.

7.5 Den Kontakt zu Ihrem Kind herstellen

Damit Ihr Kind auch weiß, dass es mit Ihnen reden und von seinen Sorgen erzählen kann, muss es erkennen, dass Sie zum Gespräch bereit sind. Dazu ist es wichtig, mit Ihrem Kind in Kontakt zu treten und eine Verbindung aufzubauen. Je nach Alter des Kindes sollten Sie anders vorgehen. Bei kleinen

Kindern und Kindergartenkindern sollten Sie vor allem Blickkontakt suchen, sich auf Augenhöhe begeben und durch Berührungen Ihrem Kind signalisieren, dass Sie bereit sind, zuzuhören. Dadurch wird eine Verbindung zwischen Ihnen beiden aufgebaut. Ältere Kinder sind etwas schwerer zu erwischen. Ab einem gewissen Alter wollen Kinder nicht mehr so viel erzählen und haben ihre kleinen Geheimnisse. Das ist auch gut so. Fragen Sie Ihr Kind nach seinem Tag, ohne dabei auszufragen. Am besten funktioniert das beim gemeinsamen Essen. Halten Sie Blickkontakt. Dadurch signalisieren Sie Aufnahmebereitschaft.

Was, wenn Ihr Kind Sie nicht versteht?

Es kann vorkommen, dass Ihr Kind während des Gespräches nicht versteht, was genau Sie von ihm möchten. Das kann vielleicht daran liegen, dass es noch recht klein und sein Wortschatz noch nicht so umfassend ist. In diesem Fall müssen Sie sich kindgerecht ausdrücken und Worte benutzen, die Ihr Kind verstehen kann. Halten Sie alles so einfach wie möglich und beschränken Sie sich auf das Wesentliche. Dann wird Ihr Kind garantiert verstehen, was Sie ihm gerade sagen möchten.

7.6 Tipps, wie Sie auch im Alltag Ihren Kindern richtig zuhören

Natürlich ist es schwierig, wirklich immer aufmerksam zu sein, wenn Ihr Kind Gesprächsbedarf hat und sich mit Ihnen unterhalten will. Tatsächlich reden Kinder sehr viel und verlieren auch oft den Faden, springen von einem Erlebnis in das nächste, ohne erkennbaren Übergang.

Da kann es schon mal vorkommen, dass Sie abschalten. Doch machen Sie sich immer wieder bewusst, dass es für Ihr Kind von Bedeutung ist, wenn Sie ihm Ihre Aufmerksamkeit schenken. Mit diesen kleinen Tricks und Tipps schaffen Sie es, Ihrem Kind aufmerksam zuzuhören.

1. Keine Ablenkungen

Sie sind gerade mit Ihrem Handy beschäftigt oder versuchen, sich auf die Nachrichten zu konzentrieren. Da kommt Ihr Kind um die Ecke und will Ihnen unbedingt etwas ganz Wichtiges erzählen. Machen Sie jetzt nicht den Fehler, weiterhin auf das Handy zu schauen, die Nachrichten zu verfolgen oder Ihr Kind womöglich genervt wegzuschicken. Sind diese Dinge, die Sie gerade tun, wirklich so wichtig? Oder können Sie es auch auf einen späteren Zeitpunkt verschieben? Dann tun Sie es. Legen Sie Ihr Handy auf die Seite, schalten Sie den Fernseher aus und widmen sich ganz Ihrem Kind. So werden weder Sie noch Ihr Kind von Ihrem Gespräch zu zweit abgelenkt und Sie können in Ruhe und aufmerksam zuhören.

2. Körpersprache

Signalisieren Sie Ihrem Kind durch Ihre Körpersprache, dass Sie bereit sind, zuzuhören. Beugen Sie sich zu Ihrem Kind hinunter, setzen Sie sich zusammen hin, nehmen Sie es auf den Arm, wenn möglich. Schauen Sie Ihr Kind direkt an und lächeln Sie dabei. So zeigen Sie Ihrem Kind, dass Ihre gesamte Aufmerksamkeit nur ihm gilt und nichts anderem sonst.

3. Verschoben ist nicht aufgehoben

Ihr Kind will Ihnen unbedingt etwas erzählen, doch die Zeit ist wirklich knapp. Vielleicht haben Sie einen wichtigen Termin oder andere Verpflichtungen, die Sie leider absolut nicht aufschieben können. Wenn das so ist, dann nehmen Sie Ihr

Kind zur Seite und erklären ihm in Ruhe die Situation. Legen Sie gemeinsam einen Zeitpunkt fest, an dem sie mehr Zeit haben, Ihrem Kind aufmerksam zuzuhören. Vielleicht nach dem Abendessen, gemütlich zusammen auf der Couch? Diese Methode klappt nicht immer, denn Kinder können sehr fordernd sein. Doch Sie werden feststellen, wenn Sie Ihrem Kind gegenüber aufrichtig sind und Ihr Versprechen einhalten, dann wird Ihr Kind in dieser Hinsicht ebenfalls mehr Verständnis zeigen.

4. Wiederholen und Nachfragen

Wir Eltern haben die Angewohnheit, mit Ratschlägen, Warnungen oder auch Kritik zu reagieren, wenn Kinder uns etwas erzählen. Natürlich meinen wir es nur gut, wollen unsere Kinder beschützen und ihnen helfen. Doch merken wir dabei nicht, dass wir das genaue Gegenteil erreichen.

Es passiert ziemlich oft, dass Ihr Kind sich falsch verstanden fühlt und das Gespräch eine ganz andere Richtung nimmt, als Ihr Kind es sich eigentlich erhofft hatte. Deshalb hören Sie wirklich richtig zu. Achten Sie auf die Wortwahl Ihres Kindes und wiederholen Sie noch mal, was Ihr Kind Ihnen erzählt hat.

So kann Ihr Kind ganz sicher sein, dass Sie es auch wirklich verstanden haben. Ist das nicht der Fall, kann Ihr Kind Sie korrigieren oder selbst noch etwas hinzufügen. Wenn etwas unklar ist, scheuen Sie sich nicht, noch mal genauer nachzuhaken. „Hast du das so gemeint?“

Sie werden erstaunt feststellen, dass Ihr Kind ganz anders mit Ihnen spricht, wenn Sie auf diese Weise miteinander interagieren. Ihr Kind fühlt sich von Ihnen verstanden und ernst genommen. Das stärkt das Selbstvertrauen sowie das Vertrauen in Sie als Bezugsperson. Ihr Kind wird sich Ihnen in Zukunft bei anderen Situationen einfacher öffnen.

5. Ermuntern Sie Ihr Kind zum Reden

Haben Sie das Gefühl, dass Ihr Kind irgendetwas beschäftigt? Wenn das der Fall ist, dann warten Sie nicht zu lange, bis Ihr Kind auf Sie zukommt. Manchmal trauen sich Kinder einfach nicht, über gewisse Dinge direkt zu sprechen. Deshalb helfen Sie Ihrem Kind dabei, sich Ihnen anzuvertrauen. Manchmal reicht schon ein einfaches „Erzähl mal, was heute passiert ist." Ihr Kind wird Ihr ehrliches Interesse spüren und sich Ihnen öffnen.

6. Ausreden lassen

Auch wenn Ihr Kind ein bisschen länger braucht, um die richtigen Worte zu finden, werden Sie nicht ungeduldig. Versuchen Sie nicht, Ihrem Kind ins Wort zu fallen, sondern waren Sie geduldig, bis es herausgefunden hat, was es sagen will. Denn oft brauchen Kinder einfach ein bisschen Zeit, um sich ganz zu öffnen. Reagieren Sie darauf also ungeduldig, wird Ihr Kind das merken, nervös werden und sich Ihnen gegenüber vielleicht wieder verschließen.

7. Nachhaken

Indem Sie Rückfragen stellen, können Sie noch mehr herausfinden und an den Gefühlen Ihres Kindes teilnehmen. Doch Vorsicht! Je nachdem, wie Sie die Fragen formulieren, kann es bei Ihrem Kind kontrollierend oder sogar vorwurfsvoll ankommen. Doch das soll es auf keinen Fall sein. Deshalb achten Sie auf Ihre Tonlage und die Art, wie Sie eine Frage stellen. Ihr Kind soll sich nicht kontrolliert fühlen, sondern Ihre Anteilnahme spüren. Es soll wissen, dass Sie da sind und Sie versuchen, es zu verstehen.

7.7 Wenn Sie das Gehörte beschäftigt…

Es gibt Gespräche, die bleiben noch lange im Gedächtnis. Es kommt immer mal wieder vor, dass Ihnen Ihr Kind etwas erzählt, das Sie tagelang nach dem Gespräch noch beschäftigt. Das kann etwas Lustiges und Positives sein, das Sie noch eine Weile zum Schmunzeln bringt. Aber es kann auch etwas Unerfreuliches sein, das Sie ebenfalls belastet. Vielleicht hat Ihr Kind Probleme, bei denen Sie ihm nicht helfen können. Oder es hat sich über Ihr Verhalten beschwert. Ganz egal, was es war, es ist wichtig, dass Sie sich damit auseinandersetzen.

Manchmal findet man allein keine Lösung. Dann wäre es gut, wenn Sie sich jemandem anvertrauen. Vielleicht Ihrem Partner oder einer anderen Person, die Ihnen helfen kann. Einige Situationen erfordern es, dass Sie sich Hilfe bei Menschen suchen, die beruflich mit Kindern zu tun haben. Vieles Situationen können diese Menschen durch ihre Erfahrung klären und Ihnen die nötigen Tipps geben, damit Sie das Beste für sich und Ihr Kind herausholen können.

8. Nicht belehren, drohen, kränken – Die richtige Eltern-Kind-Kommunikation

Bei einer guten Eltern-Kind-Kommunikation ist nicht nur das Zuhören wichtig. Eine weitere große Rolle spielt auch das Sprechen. Wie Sie mit Ihrem Kind sprechen, welche Worte Sie verwenden, wie Sie einen Satz formulieren, sowie Ihre Körpersprache sind ausschlaggebend dafür, ob die Kommunikation zwischen Ihnen als Eltern und Ihren Kindern wirklich gut funktioniert.

Dabei ist es überhaupt nicht wichtig, dass Sie „viel" reden. Denn unterschiedliche Studien zu diesem Thema belegen eindeutig, dass 55 % der Kommunikation nonverbal, also durch Gestik, Mimik und Körperhaltung abläuft. Wie etwas gesagt wird, welchen Klang die Stimme hat, macht 38 % der Kommunikation aus. Und nur 7 % unserer Kommunikation läuft über das gesprochene Wort. Hätten Sie das gewusst?

Es ist erschreckend, wie vergleichsweise unwichtig Worte im Gegensatz zu Körpersprache und Tonfall sind. Dabei geben wir uns doch so viel Mühe, nach den passenden Worten zu suchen, wenn wir uns mit unserem Gegenüber unterhalten möchten. Das gesprochene Wort wird demnach schwer überschätzt. Unter diesen Umständen wird Ihnen bestimmt ebenfalls klar, wie schwierig es für Kinder sein kann, manchen elterlichen Anweisungen Folge zu leisten. Es kommt wahrscheinlich nicht selten vor, dass Ihr Kind Sie verständnislos anschaut, wenn Sie eine Bitte haben oder etwas möchten. Das liegt in erster Linie daran, dass Ihre Körpersprache, Ihr Tonfall oder Ihre Mimik nicht oder nur teilweise zu dem Gesagten passen. Ihr Kind kann also den Code Ihrer Nachricht nicht entschlüsseln. Dieses Wissen ist den meisten Eltern leider unbekannt. Sie empfinden das Unverständnis Ihrer Kinder als Protest, Trotz oder auch Ungehorsam. Und wir wissen, was passieren kann, wenn bei uns Eltern der Geduldsfaden reißt, nicht wahr?

8.1 Das macht eine gute Eltern-Kind-Kommunikation aus

Sind unsere Kinder noch klein, ist es relativ einfach, ein Gespräch mit ihnen aufzubauen. Denn sie möchten sich uns, ihrer wichtigsten Bezugsperson, mitteilen. Nur ist hier das gegenseitige Verständnis das ein oder andere Mal gestört. Sei es durch einen noch geringen Wortschatz oder weil Ihr Kind Ihre nonverbalen Signale nicht richtig deuten kann. Im Großen und Ganzen jedoch freuen sich die Kleinen, wenn wir als Erwachsene Interesse an ihren Erlebnissen und Gefühlen zeigen. Je älter Kinder werden, desto mehr verschließen sie sich und möchten uns Eltern nicht mehr jede Kleinigkeit erzählen. Ganz klar, dass wir immer wieder versuchen, nachzubohren und herauszufinden, was gerade im Kopf unserer Kinder vor sich geht. Doch das gestaltet sich ab und an doch recht schwer.

Die Basis muss stimmen

Für eine funktionierende Kommunikation zwischen Ihnen und Ihrem Kind, egal in welchem Alter, ist das grundlegende Verhältnis innerhalb der Familie ausschlaggebend. Gegenseitiges Vertrauen und die Geborgenheit, die Sie Ihrem Kind schenken, machen eine zwanglose Kommunikation erst möglich. Dieses Vertrauen wird schon im Kleinkindalter geprägt. Deshalb ist es ausgesprochen wichtig, schon in dieser Zeit Interesse zu zeigen und Ihrem Kind verständlich zu machen, dass es Ihnen wichtig ist.

8.2 Was Eltern von ihren Kindern möchten

Klar, wir als Eltern wollen, dass unser Alltag reibungslos abläuft, nur wenige Konflikte zu klären sind, wir mit unseren Kindern kaum Diskussionen führen müssen und wir den Tag entspannt und mit einem Lächeln beenden können. So einen Tag kann es tatsächlich das eine oder andere Mal geben. Jedoch sieht der Alltag dann doch ein bisschen anders aus.

Allein schon zwischen den Erwachsenen entstehen jeden Tag kleinere oder auch größere Konflikte durch eine schlechte Kommunikation. Jedem ist das „Mülldebakel“ mit Sicherheit bestens bekannt. Sie sagt ihrem Ehemann: „Schatz, der Müll ist voll.“ Ihnen ist doch auch klar, was sie eigentlich meint. Natürlich, der Mann soll den Müll nach draußen bringen. Ihm scheint es jedoch nicht ganz klar zu sein. Er denkt sich wahrscheinlich nur: „Ja, stimmt. Sogar übervoll.“ Aber den Appell in ihrer Aussage, dass er nun endlich den Müll rausbringen soll, hört er nicht. Sie hätte ihm eine direkte, klare Ansage machen sollen, anstatt nur indirekt darauf hinzuweisen. Wenn zwischen zwei Erwachsenen die Kommunikation schon fehlerhaft verläuft, dann können Sie sich sicherlich vorstellen, wie solche indirekten Aussagen bei Ihrem Kind ankommen. Aussagen wie: „Du könntest mal wieder dein Zimmer aufräumen, oder?“ wird Ihr Kind zwar wahrnehmen, jedoch ist der Appell darin nicht klar verständlich. Somit ist Ihrem Kind absolut nicht bewusst, was genau Sie in diesem Moment möchten.

Keine Angst vor klaren Ansagen

Das Problem in diesem Fall ist nicht, dass Ihr Kind Ihrer Aufforderung nicht Folge leisten möchte. Es ist die Art, WIE Sie etwas formulieren. Ältere Kinder verstehen diese indirekten Aufforderungen eher als Kindergarten- oder Grundschulkinder. Der Grund dafür, dass wir oft solche indirekten Formulierungen verwenden, liegt natürlich auch zum Teil an unserer eigenen Erziehung. Uns wurde von klein auf beigebracht, dass es frech und sogar unhöflich ist, seine Wünsche klar auszusprechen. Daran halten wir uns bis heute und verpacken das, was wir von unseren Mitmenschen, von unserem Partner und auch von unseren Kindern möchten, in komplizierte Formulierungen. Am besten noch garniert mit einem kleinen Lächeln.

Doch wie Sie es wahrscheinlich selbst jeden Tag aufs Neue erleben, ist das eindeutig die falsche Taktik. Denn auf diese Weise entstehen Missverständnisse, Frust und Ärger über Ihre Lieben, die einfach nicht tun wollen, was Sie von Ihnen möchten. Unabhängig vom Alter des Kindes sollten Sie sich angewöhnen, Ihre Wünsche und Aufforderungen in klare Aussagen zu verpacken und nicht um den heißen Brei herumzureden.

8.3 Wie Sie ohne Druck auf Ihre Kinder einwirken können

Von unseren eigenen Eltern haben wir gelernt, dass man bei der Kindererziehung auch mal durchgreifen muss. Stimmt, das ist richtig. Jedoch ist es viel seltener notwendig, als Sie vielleicht meinen. Oft können Sie mehr erreichen, wenn Sie Ihrem Kind nicht so viel Druck machen.

Es gibt Situationen, in denen wir tatsächlich durchgreifen müssen. Zum Beispiel, wenn sich Ihr Kind von Ihrer Hand losreißt und einfach auf die Straße rennen will. Dann haben Sie als Eltern die Pflicht, Ihr Kind vor der Gefahr zu schützen und sofort einzuschreiten. Allerdings verhalten wir uns nicht nur in wirklichen Gefahrensituationen auf diese Weise.

Wie Sie mittlerweile wissen, lassen wir uns nur zu gerne vom Stress leiten und übertragen diesen auf unsere Kinder. Natürlich müssen Sie Ihrem Kind beibringen, wie in unserer Welt der Hase läuft. Aber muss das auf die harte Tour geschehen?

Verstehen und nicht gehorchen

Indem Sie Sätze sagen wie „Wenn du dich jetzt nicht anziehst, musst du zu Hause bleiben!“ erklären Sie Ihrem Kind nicht, weshalb es wichtig ist, sich jetzt fertig zu machen. Ihr Kind weiß nur, dass es bestraft wird, wenn es sich nicht beeilt. Was passiert in dieser Situation mit Ihrem Kind? Sie setzen es unter Stress. Und wenn Kinder in Stress geraten, werden sie klare Befehle nicht wirklich befolgen, sondern in den allermeisten Fällen mit Gegenwind reagieren. Ihr Kind wird vielleicht schreien und toben und sich erst recht nicht anziehen, was bei

Ihnen noch mehr Stress erzeugt, der Sie dazu verleitet, den Druck auf Ihr Kind zu erhöhen. Es ist ein Teufelskreis, aus dem es schwer ist, auszubrechen. Doch so muss es nicht laufen, denn es geht auch anders. Sie müssen lernen, umzudenken. Mittlerweile haben Sie eine Sache gelernt. Durch ständigen Druck erreichen Sie in der Regel nur das Gegenteil von dem, was Sie eigentlich möchten. Wenn Sie also bei Ihrem Kind etwas erreichen wollen, dann müssen Sie es schaffen, dass Ihr Kind Ihnen auch wirklich zuhört und versteht, was Sie möchten und warum es gerade jetzt wichtig ist.

Im Klartext bedeutet das, dass Schimpfen absolut nichts bringt, wenn Sie Ihr Kind dazu bringen möchten, etwas Bestimmtes zu tun. Sic müssen umdenken und Ihre Taktik ändern. Zu einer gelungenen Kommunikation mit Ihrem Kind können Ihnen diese 5 Schritte helfen.

Schritt 1: Begeben Sie sich auf Augenhöhe

Indem Sie sich zu Ihrem Kind herunterbeugen und seinen Blick suchen, stellen Sie eine direkte Verbindung zwischen Ihnen beiden her. Dadurch weiß Ihr Kind genau, dass Sie mit ihm sprechen und nicht mit jemand anderem. Sie bekommen seine volle Aufmerksamkeit.

Schritt 2: Berühren Sie Ihr Kind

Um die Verbindung, die Sie schon mit dem Blickkontakt hergestellt haben, zu stärken, berühren Sie Ihr Kind. Vielleicht nehmen Sie seine Hand, legen ihm die Hand auf die Schulter oder nehmen Ihr Kind auf den Schoß. Hauptsache, Sie treten noch mehr in Kontakt zu Ihrem Kind. Manchmal sind Kinder so in ihre eigene kleine Welt vertieft, dass sie nur mit halbem

Ohr hinhören und Sie als Eltern gar nicht richtig wahrnehmen. Eine Berührung kann dafür sorgen, dass Ihr Kind wieder bei Ihnen im Hier und Jetzt ist und Ihnen auch wirklich zuhört.

Schritt 3: Lassen Sie Ihr Kind das Gesagte wiederholen

Eine gelungene Kommunikation funktioniert nur in beide Richtungen. Sie sollen nicht nur reden, sondern Ihr Kind soll auch verstehen, was Sie zu ihm gesagt haben. Selbst wenn Sie denken, dass Sie sich verständlich ausgedrückt haben, kann Ihr Wunsch bei Ihrem Kind ganz anders ankommen. Deshalb fordern Sie Ihr Kind zu einem Feedback auf. Je nach Alter kann das eine verbale Antwort sein oder auch eine Aktion. Je nachdem zeigt oder sagt Ihnen Ihr Kind, ob es Sie verstanden hat oder ob es noch Unklarheiten gibt. Wenn das der Fall ist, dann versuchen Sie es einfach noch einmal, vielleicht in einer kindgerechteren Sprache.

Schritt 4: Lassen Sie sich von nichts ablenken

Konzentrieren Sie sich voll und ganz auf Ihr Kind, wenn Sie etwa von ihm möchten. Im Alltag kann es oft passieren, dass Sie zwar mit Ihrem Kind reden möchten, aber nebenher noch auf Ihr Handy schauen oder die Wäsche aus dem Trockner holen. Sie können von Ihrem Kind nicht erwarten, dass es Ihnen seine volle Aufmerksamkeit schenkt, wenn Sie selbst es ihm gegenüber auch nicht tun. Wahrscheinlich wird Ihr Kind Ihnen dann einfach nicht richtig zuhören und auch nicht das umsetzten, um das Sie es gebeten haben. Es gibt keine größere Wertschätzung, als Jemandem unsere volle Aufmerksamkeit zu schenken. Das wissen schon die Kleinsten. Bekommt Ihr Kind also Ihre ungeteilte Aufmerksamkeit, wird es sich für Ihre Wünsche öffnen.

Schritt 5: Formulieren Sie keine negativen Sätze

Bei diesem Schritt geht es nicht darum, was genau Sie sagen, sondern WIE Sie es sagen. Es kommt also maßgeblich auf den Satzbau und die Struktur des Satzes an. Kommt in Ihren Sätzen oft „Nein" oder „Nicht" vor, wird dieses gerade von kleinen Kindern meist ausgeblendet. Sie hören dann nicht „Renn bitte nicht auf die Straße!", sondern blenden die Verneinung aus. So wird aus Ihrem Satz dann „Renn auf die Straße!" Eigentlich logisch, dass ihr Kind genau das Gegenteil von dem macht, was Sie eigentlich möchten. Etwas ältere Kinder wissen bei solchen negativen Sätzen zwar, was sie nicht dürfen. Aber was sie eigentlich tun sollen, das wissen sie immer noch nicht.

Formulieren Sie deshalb solche verneinenden Sätze in positive Alternativen um. Sagen Sie stattdessen zum Beispiel „Bleib bitte bei mir auf dem Gehweg!" So weiß Ihr Kind ganz genau, was Sie von ihm möchten und wird es auch eher umsetzen.

Tricks, mit denen Sie bei Ihren Kindern erreichen, was Sie möchten

Auch wenn es auf den ersten Blick ein bisschen manipulativ erscheint, so sind die folgenden Tricks wirkungsvoller als so manche Schimpftirade, wenn Sie Ihr Kind zu etwas bringen möchten.

• Haben wir selbst eine Entscheidung getroffen, führen wir diese meist auch schneller aus als eine Bitte, die von jemand anderem kommt. Das ist auch bei den Kleinsten nicht anders. Darum erzeugen Sie bei Ihrem Kind die Illusion des freiwilligen Handelns. Will Ihr Kind sich morgens nicht anziehen, dann ermahnen Sie es nicht. Stellen Sie eine Frage wie „Welche Hose willst du heute anziehen?“ Ihr Kind wird dann wahrscheinlich sofort zum Kleiderschrank rennen, da es seine Kleidung selbst aussuchen darf.

- Benutzen Sie für Ihre Anweisungen die Wörter „wenn“ oder „sobald“. Denn sie implizieren Ihrem Kind, dass sofort etwas erledigt werden soll, aber danach eine Belohnung wartet. „Wenn du dein Zimmer aufgeräumt hast, essen wir ein Eis“ wird wahrscheinlich auf offene Ohren stoßen.

- Eigentlich bedanken wir uns erst, nachdem jemand einer Aufforderung nachgekommen ist. Indem Sie sich jedoch schon vorher bedanken, wird sich Ihr Kind verpflichtet fühlen, Ihrer Aufforderung nachzukommen.

- Versuchen Sie, Ihr Kind positiv zu motivieren. Vor allem dann, wenn es um unliebsame Aufgaben geht, ist Motivation ein geeignetes Mittel, um Ihr Kind anzutreiben.

- Ein Lob kann wahre Wunder vollbringen. Hat Ihr Kind seine Aufgabe erledigt, dann sagen Sie ihm, wie toll Sie das finden und dass es seine Aufgabe gut gemacht hat. Wenn Ihr Kind das Gefühl bekommt, dass Sie seine Arbeit schätzen, wird es das nächste Mal eher geneigt sein, Ihnen zu helfen.

8.4 Durch Wertschätzung und den Dialog mit Ihrem Kind eine Lösung finden

Kinder verstehen mehr, als Sie denken. Bringen Sie Ihrem Kind Verständnis und Respekt entgegen, wird es sich Ihnen im Gespräch auch mehr öffnen. Schuldzuweisungen und Vorwürfe sind bei Gesprächen auf Augenhöhe fehl am Platz. Setzen Sie sich gemeinsam an einen Tisch, halten Sie Blick- und wenn möglich etwas Körperkontakt, um eine Verbindung zu Ihrem Kind aufzubauen. Dann können Sie anfangen, miteinander zu sprechen.

Der Kommunikations-Leitfaden

Eigentlich sollte es doch einfach sein, ein Gespräch auf Augenhöhe mit Ihrem Kind zu führen. Leider kann es vorkommen, dass wir in alte Verhaltensmuster zurückfallen, je nachdem, um welches Thema es sich handelt. Da kann es nicht schaden, einen Leitfaden an der Hand zu haben, auf den Sie im Notfall zurückgreifen können.

Punkt 1: Mimik und Gestik muss mit Ihren Aussagen übereinstimmen

Sind Sie nicht glücklich über das Verhalten Ihres Kindes? Dann müssen Sie das nicht nur mit Worten, sondern auch mit Ihrer Mimik und Gestik rüberbringen. Wenn Sie über ein ernstes Thema mit Ihrem Kind sprechen, sich dabei aber ein Grinsen nicht verkneifen können, wird Ihr Kind Sie nicht ernst nehmen und sich bei einer Ermahnung nichts weiter dabei denken. Somit haben Sie nichts gewonnen und Ihrem Kid nicht beigebracht, dass sein Verhalten unangebracht war.

Punkt 2: Machen Sie klare Aussagen

Die feinen Nuancen der Sprache, die Wünsche und Aufforderungen schön verpacken, sind Kindern noch nicht geläufig. Nicht einmal Erwachsene können immer herausfiltern, was ihr Gegenüber nun genau von ihnen will. Deshalb ist es wichtig, Ihre Wünsche für Ihr Kind klar und verständlich zu formulieren. Je komplexer ein Satz ist, desto weniger wird Ihr Kind verstehen, was genau Sie nun sagen wollen.

Punkt 3: Hören Sie aktiv zu

Zur Kommunikation gehört nicht nur, dass Sie selbst etwas sagen, sondern auch, dass Sie dem Gegenüber genau zuhören. Sie müssen lernen, zu verstehen, was Ihr Kind Ihnen sagen will. Dazu gehört auch, dass Sie Ihrem Kind die Zeit geben, seine Gedanken in Worte zu fassen und dann Rückmeldung geben, ob Sie es auch wirklich verstanden haben. Nur so kann eine wechselseitige Kommunikation funktionieren.

Punkt 4: Präsentieren Sie keine fertigen Lösungen

Will Ihr Kind mit Ihnen über seine Probleme sprechen, ist es erst einmal wichtig, zuzuhören und ausreden zu lassen. Oft ist es aber so, dass wir unseren Kindern helfen wollen und sofort mit jeder Menge Ideen für eine Lösung des Problems daherkommen. Das ist gut gemeint, wirkt sich aber negativ auf das Gespräch aus. Denn auf diese Weise haben Sie nur noch eine einseitige Kommunikation, in der Ihr Kind zuhört und Sie ihm sagen, was es zu tun hat. Ihr Kind soll aber lernen, eigene Lösungen zu finden. Darum halten Sie erst einmal Ihre Meinung zurück und helfen Sie Ihrem Kind, indem Sie das Problem hinterfragen und gemeinsam Lösungen erarbeiten.

Punkt 5: Senden Sie Ich-Botschaften

„Du hast dies getan!“ „Du hast jenes nicht getan!“ Anschuldigungen führen nur dazu, dass sich Ihr Kind in die Enge gedrängt fühlt und sofort zum Gegenangriff ausholen wird. Deshalb sind Ich-Botschaften die bessere Methode, um Ihr Ziel zu erreichen. Denn durch Ich-Botschaften bringen Sie Ihre Wünsche und Gefühle zum Ausdruck. Sie sorgen dafür, dass Ihr Gegenüber sich in Sie hineinversetzt. Möchten Sie, dass Ihr Kind Ihnen mehr im Haushalt hilft? Dann sagen Sie nicht „Du könntest ruhig mal das Geschirr abwaschen!“ Sondern versuchen Sie, es stattdessen so zu formulieren: „Ich fände es ganz toll, wenn du das Geschirr abwaschen könntest, denn ich muss noch die Wäsche bügeln.“ Welcher Aufforderung würden Sie eher folgen?

Punkt 6: Es gibt nichts, worüber es sich nicht reden lässt

Tabus sollte es in einer gelungenen Kommunikation nicht geben. Kinder sollen über alles reden dürfen, was sie beschäftigt, auch wenn uns Eltern das Thema vielleicht unangenehm ist. Deshalb haben Sie wirklich für alles ein offenes Ohr, womit Ihr Kind zu Ihnen kommt. Denn wenn es nicht mit Ihnen reden kann, redet es vermutlich irgendwann mit den falschen Personen darüber. Lieber wissen Sie, was in Ihrem Kind vor sich geht, auch wenn es unangenehm ist, anstatt gar nichts mehr über Ihr Kind zu wissen.

8.5 Was, wenn Ihr Kind trotzdem Nein sagt?

Sie haben wirklich alles gegeben, haben sich zu Ihrem Kind auf Augenhöhe begeben, Ihre Wortwahl genau bedacht und positive Sätze verwendet. Vielleicht haben Sie auch den ein oder anderen Trick angewandt, um Ihr Kind von Ihrem Wunsch zu überzeugen. Und trotzdem reagiert Ihr Kind auf Ihre Bitte mit einem klaren Nein.

Auch Kinder habe Ihren eigenen Kopf. Manchmal gibt es Situationen, bei denen selbst das beste Zureden überhaupt nicht hilft. Machen Sie nun aber nicht den Fehler, aus reiner Verzweiflung wieder mit den Drohungen anzufangen. Denn diese machen keinen Sinn. Ihr Kind hat eigentlich nichts Schlimmes getan, sondern macht nur seinem Unmut Luft.

Helfen in diesem Fall weder Ablenkungen noch Alternativen, versuchen Sie es mit Verständnis. Zeigen Sie Ihrem Kind, dass Sie seine Wut oder seinen Unmut nachvollziehen können und erklären Sie, weshalb es trotzdem gerade jetzt wichtig ist, dass Ihr Kind tut, um was Sie es bitten. Durch Verständnis können Sie es schaffen, Ihr Kind für Ihre Argumente zugänglicher zu machen und vielleicht doch noch umzustimmen.

Manchmal jedoch ist es vertretbar, auch mal nachzugeben. Bewerten Sie die Situation und fragen Sie sich selbst, ob es wirklich wichtig ist, Ihren Willen durchzusetzen oder ob Sie sich diese Energie auch sparen können. Es ist kein Beinbruch, wenn Sie Ihrem Kind auch ab und an seinen Willen lassen. Die Kunst ist es, den Kampf bei den Dingen auszufechten, die Sie als wichtig empfinden und zu gewinnen. Kleinigkeiten können Sie ruhig mal außen vorlassen.

9. Einen kühlen Kopf bewahren – In jeder Lebenslage

In einer Familie ist jeder Tag mal mehr und mal weniger mit Stress verbunden. Das fängt unter der Woche schon morgens an, wenn alle Familienmitglieder aus dem Haus müssen. Zwar stellt sich im Laufe der Zeit eine Routine ein, diese ist jedoch ziemlich wackelig. Selten gibt es Tage, an denen alles nach Plan verläuft.

Doch nicht nur der Tagesablauf ist mit Stress verbunden. Auch die kleinen Konflikte zwischen Eltern und Kindern, Geschwisterkindern oder auch den Eltern untereinander zehren an den Nerven. Manchmal würden wir Eltern doch gerne am allerliebsten abhauen. Einfach zur Tür hinausspazieren und erst wiederkommen, wenn sich die Wogen geglättet haben. Doch das ist leider nicht möglich und ändert erst recht nichts an den Problemen. In der Regel würde das die Situation noch verschlimmern. Wir werden nur noch wütender und fangen an, zu schimpfen. Das darf nicht mehr passieren, egal was um Sie herum gerade geschieht. Verdrängung hat noch niemandem geholfen, deshalb sollten Sie den Kopf nicht in den Sand stecken, sondern die Probleme beim Schopf packen. Besonders dann, wenn es um Ihre Kinder geht.

9.1 Kleine Kinder, kleine Sorgen – Große Kinder, große Sorgen

Wäre es nicht toll, wenn es so etwas wie einen Elternführerschein gäbe, den Sie vor Ihrer Elternschaft absolvieren könnten? Oder dass Sie jemand beiseite nimmt und Ihnen alles über die verschiedenen Entwicklungsphasen Ihres Kindes erzählt und Tipps mit auf den Weg gibt, die auch wirklich helfen? Tja, einen Elternführerschein gibt es nicht (obwohl das für manche Eltern sicher nicht verkehrt wäre) und wenn Sie jemand zur Seite nimmt, hat dieser jemand oft gut gemeinte Ratschläge im Gepäck, die in Ihrem Alltag wenig bis gar nicht helfen.

Eigentlich wachsen wir zusammen mit unseren Kindern in die Elternrolle hinein, so gut wir es können. Sind die Kinder klein, ist alles eigentlich nur halb so schlimm. Babys sind an und für sich zufrieden, wenn sie regelmäßig was zu essen bekommen, immer eine saubere Windel haben, wir viel mit ihnen schmusen und sie bespaßt werden. Sie können noch nicht widersprechen und freuen sich sogar über ein Wollknäuel, solange es nur bunt und weich genug ist.

Das ändert sich allerdings, je älter die Kinder werden. Krabbelkinder, die gerade die Welt entdecken, müssen vor gefährlichen Gegenständen geschützt werden. Das kann eigentlich fast alles sein, was so in Greifweite liegt. Mit den ersten Gehversuchen steigt auch der Stresspegel der Eltern. Schließlich kann das Kind nun hinfallen und sich ernsthaft verletzen. Schränke, Türen, Schubladen und Tische sind ebenfalls nicht mehr sicher. Über die ersten Worte ist man noch ganz entzückt und versucht, dem Kind so viel wie möglich beizubringen. Bis das Wörtchen „Nein“ Einzug in den Wortschatz Ihres Kindes hält. Ihr Kind lernt, seine Gefühle durch Worte auszudrücken. Das klappt nicht von Anfang an und kann für beide Seiten sehr anstrengend sein. Vor allem dann, wenn Ihr Kind zu einem kleinen Trotzkopf mutiert.

Im Kindergarten dann werden die sozialen Fähigkeiten Ihres Kindes ausgebaut. Streitereien unter den Spielkameraden sind keine Seltenheit, ebenso wenig die ein oder andere Blessur. Auch der Trennungsschmerz, den viele Kinder in den ersten Tagen in der Kita empfinden, geht irgendwann vorbei.

Die Schulzeit ist der nächste große Schritt im Leben Ihres Kindes. Neue Regeln halten Einzug, an die sich Ihr Kind erst noch gewöhnen muss. Neue Beziehungen zu Lehrern und Mitschülern bilden sich. Sie sind aber immer noch der Ansprechpartner, wenn es große und kleine Probleme gibt. Sei das nun in der Schule, mit den Freunden oder auch zu Hause. In der Regel wendet sich Ihr Kind bei Schwierigkeiten an Sie. Denn Eltern können ja bekanntlich so gut wie jedes Problem lösen.

Das sieht anders aus, wenn Ihr Kind die gefürchtete Phase der Pubertät erreicht. Mit Jugendlichen unter einem Dach wird es sehr spannend, denn jetzt gerät alles ein bisschen aus den gewohnten Bahnen und muss sich komplett neu ordnen. An Jugendliche heranzukommen und etwas aus ihnen herauszubekommen ist manchmal sehr schwer, weswegen man sich meist mehr Sorgen macht, als tatsächlich nötig wäre.

Auch macht die neu gewonnene Selbstständigkeit ihrer Kinder vielen Eltern sehr zu schaffen. Doch ganz egal, was passieren mag und wie viele Sorgen Ihnen Ihr Kind bereitet, merken Sie sich eine Sache gut. Das Leben ist ein Lernprozess. Nicht nur für Ihr Kind, sondern auch für Sie selbst.

Auch Sie wachsen an Ihren Aufgaben. Nicht immer läuft alles optimal, aber sehen Sie jedem neuen Lebensabschnitt optimistisch entgegen. Sie werden auch in diesen hineinwachsen und für sich und Ihr Kind Ihr Bestes geben. Mit Ruhe und einer Prise Gelassenheit.

9.2 Bindung trotz Abnabelung – Die Beziehung zu Jugendlichen

Die Veränderung kommt schleichend, fast schon über Nacht. Und eines ist in diesem Augenblick der Erkenntnis für alle Eltern klar. Es wird nie wieder so sein wie vorher.

Unsere Kinder bleiben leider nicht immer klein. Die Pubertät übernimmt irgendwann die Kontrolle. Natürlich wissen wir alle, dass dieser Prozess dazugehört, um erwachsen zu werden. Doch gehört diese Phase der Entwicklung mit zu den Schwierigsten. Ihr Kind ist kein Kind mehr, aber trotzdem noch nicht richtig erwachsen. Das macht sich körperlich wie auch psychisch bemerkbar.

Um herauszufinden, wer sie sind oder irgendwann einmal sein wollen, greifen Jugendliche zu den unterschiedlichsten Maßnahmen. Doch eines haben sie alle gemeinsam – sie wollen sich von den Eltern abnabeln, selbstständig und vor allem ernst genommen werden.

Doch wie sollen Sie jemanden ernst nehmen, der sein Zimmer nicht aufräumt und sich von Ihnen durch die Gegend kutschieren lässt? Fast täglich werden die Grenzen neu gesteckt und regelrechte Machtkämpfe ausgefochten. Was Ihnen wichtig ist und sonst immer funktioniert hat, wird nun nach Kräften torpediert. Sie kommen mit einem pubertierenden Jugendlichen ständig an Ihre Grenzen. Das geht irgendwann jedem noch so hart gesottenem Erwachsenen an die Nieren. Da kommt es nicht selten vor, dass Sie schimpfen und sich sogar gegenseitig anschreien. Doch muss es wirklich so sein? Können wir die Pubertät nicht einigermaßen friedlich überstehen?

Die Sorge um das Kind

Als Ihr Kind noch klein war, hatten Sie auch anstrengende Tagc und sicherlich jede Menge Diskussionen. Doch Ihr Kind hat sich in den meisten Fällen wenigstens geöffnet. Das gegenseitige Vertrauen war so stark, dass Ihr Kind Ihnen alles anvertraut hat. In der Pubertät ist das weitestgehend vorbei. Ihr Kind fordert immer mehr Privatsphäre ein. Das ist ein ganz normaler Vorgang. Und doch ist es für viele Eltern schwer zu verstehen, dass ihr Kind sich immer mehr zurückzieht.

Natürlich kann das je nach Persönlichkeit unterschiedlich sein. Es gibt Jugendliche, die Ihre Eltern immer noch zum großen Teil in ihre Gedankenwelt einbeziehen. Doch es gibt auch diejenigen, die sich sofort nach der Schule im Zimmer verbarrikadieren und nur zum Essen herauskommen. Solch ein Verhalten bringt viele Eltern auf die Palme.

Fünf typische Konfliktsituationen, die jeder kennt

Manchmal reicht das falsche Wort, schon entbrennt eine wütende Grundsatzdiskussion. In jeder Familie gibt es fünf Dinge, bei denen sich Eltern und Jugendliche regelmäßig in den Haaren liegen. Wenn Sie den Teufelskreis aus Frustration und Wut durchbrechen, werden Sie die wahren Gründe für die Diskussionen erkennen und können auf diese Weise dagegen steuern.

Eltern sind peinlich!

Egal, was Sie tun, Sie können es Ihrem Kind nicht recht machen. Sie benehmen sich in seinen Augen einfach immer daneben und nerven in einer Tour. Klar, das macht Sie wütend. Der Streit lässt nicht lange auf sich warten.

Sie wissen es sicher, aber machen Sie es sich noch einmal bewusst. Ihr Kind ist in der Pubertät. Das ist eine extreme Situation. Nicht nur der Körper verändert sich drastisch. Auch im Gehirn laufen Veränderungsprozesse ab und die Abnabelung von den Eltern setzt ein. Das ist für alle Beteiligten ein anstrengender Prozess, der an den Nerven zehrt.

Kleine Kinder lieben ihre Eltern bedingungslos. Sie sind darauf angewiesen, dass die Eltern sie vor allen Gefahren beschützen und sie von ihnen lernen. Diese Liebe wird nie infrage gestellt. In der Pubertät bekommt dieses Elternbild langsam Risse. Die starke Verbindung zu den Eltern löst sich Stück für Stück auf und wird lockerer. Die Jugendlichen sehen nun in ihren Eltern nicht mehr die unfehlbaren Eltern, sondern einfache Menschen, die auch ihre Macken und Schwächen haben. Setzen Sie als Eltern nun auf klare Befehle, die früher ohne Murren umgesetzt wurden, können Sie sich nun auf heiße Diskussionen über Sinn und Zweck von Hausaufgaben, Zimmer aufräumen und sonstigem gefasst machen. Ihr Kind versucht jetzt, sich gegen Ihre elterliche Autorität aufzulehnen.

Da sich die enge Eltern-Kind-Verbindung lockert, zieht sich das Kind immer mehr zurück und macht viele Probleme mit sich selbst aus. Oft werden eben dann nicht mehr die Eltern, sondern die Freunde um Rat gefragt. Dieses Verhalten macht uns Eltern Angst, verständlicherweise. Wir bekommen das Gefühl, dass sich unser Kind immer mehr von uns entfernt. Lassen Sie die Gefühle von Liebes- und Kontrollverlust nicht zu sehr die Oberhand gewinnen. Sonst verlieren Sie den Blick für das Wesentliche. Nämlich, dass dieser schwere Prozess zum Erwachsen werden gehört. Wenn Sie das Verhalten Ihres Kindes nicht zu persönlich nehmen, kann sich Ihre Bindung auf positive Weise verändern, zu einer Verbindung zwischen zwei Erwachsenen, die sich gegenseitig mit Respekt begegnen.

Stimmungswechsel im Sekundentakt

Es ist wie bei einer Achterbahnfahrt. Im ersten Moment ist Ihr Kind richtig gut gelaunt, hat Energie und könnte die ganze Welt umarmen. Im nächsten Augenblick jedoch ist alles furchtbar, jeder hat es auf Ihr Kind abgesehen und es schießt mit schlechter Laune zurück. 5 Minuten später sitzt Ihr Kind weinend im Badezimmer, weil das Shampoo leer ist. Doch kurz danach ist die Welt wieder voller Geigen.

Solche Stimmungswechsel sind für Erwachsene nur schwer nachzuvollziehen. Doch das alles hat einen biologischen Hintergrund. Alles ist im Wachstum. Nicht nur der Körper, auch das Gehirn wird komplett umgebaut. Daneben sorgen die Sexualhormone dafür, dass Mädchen zu Frauen und Jungen zu Männern werden. Bei diesem raschen Anstieg der Hormone, die wirklich alles auf den Kopf stellen, muss man ja ein bisschen verrückt werden. Behalten Sie im Hinterkopf, dass es ein Entwicklungsprozess ist und sich irgendwann auch wieder beruhigt, sobald sich die Hormone eingependelt haben und der Körper voll entwickelt ist. Leider ist nicht nur der Wachstumsprozess schuld an regelmäßig schlechter Laune. In den meisten Fällen hat sie auch ihren Grund. Nur kennen wir als Eltern diesen Grund nicht immer. Es kann beispielsweise Ärger im Freundeskreis gegeben haben oder ein dicker Pickel prangt auf der Nase. Was es auch ist, Sie als Eltern bekommen den Ärger voll zu spüren.

Machen Sie jetzt nur nicht den Fehler, sich von diesem Ärger anstecken zu lassen. Versuchen Sie lieber, mit freundlichem Humor die Wut Ihres Kindes ein bisschen zu besänftigen und fragen Sie interessiert nach, was denn los gewesen ist. Mit Verständnis und Interesse bekommen Sie deutlich mehr Informationen aus Ihrem Kind gekitzelt als durch bissige Kommentare oder bloßes Einfordern einer Antwort.

Eltern haben keine Ahnung

Egal, was Sie sagen, es geht bei Ihrem Kind zum einen Ohr rein und zum anderen Ohr wieder hinaus. Obwohl Sie genau wissen, dass Sie recht haben, zählt bei Ihrem Kind nur die Meinung des Freundeskreises oder sie orientieren sich an den angesagten YouTube-Sternchen. Haben Sie überhaupt noch eine Chance, bei Ihrem Kind Gehör zu finden?

Die gute Nachricht zuerst. Die Verbindung zwischen Ihnen und Ihrem Kind wird nicht komplett gekappt. Sie wird nur lockerer und verändert sich. Nun die schlechte Nachricht. Ihr pubertierendes Kind orientiert sich nicht mehr an Ihnen, sondern an seinem Freundeskreis. Die Beziehung zur ersten Liebe oder zum besten Freund/der besten Freundin ist in dieser Phase genauso eng wie als Kind zu den Eltern. Liebe und Geborgenheit wird nun hier gesucht und auch eingefordert. Das kann sich positiv auf Ihr Kind auswirken, wenn die Freunde dementsprechend verantwortungsbewusst sind. Aber Ihr Kind kann sich auch mit Freunden abgeben, die einen negativen Einfluss haben. Freunde kommen und gehen, das müssen Jugendliche während ihrer Pubertät häufig erfahren. Deshalb sollten Sie Ihrem Kind einen sicheren Hafen bieten, an den es sich zurückziehen kann. Versuchen Sie, Ihrem Kind nach einer enttäuschten Liebe, Verständnis und Geborgenheit entgegenzubringen. Dann wird Ihr Kind Ihre Erfahrung zu schätzen wissen und Sie öfter um Ihre Meinung bitten. Sätze wie: „Ich hab's dir ja gesagt!" helfen in diesen Situationen wenig und sorgen nur dafür, dass sich Ihr Kind nur noch mehr von Ihnen distanziert.

Die falschen Freunde

Ihr Kind, das sonst nie ein Wässerchen trüben konnte, gerät wegen seiner Clique nun regelmäßig in Schwierigkeiten, ist aufmüpfig und respektlos. Sie fragen sich, weshalb Ihr Kind nicht sieht, dass diese Freunde nicht gut sind, doch je mehr Sie sich negativ äußern, desto mehr werden die Freunde verteidigt und Sie bekämpft.

Leider können Sie Ihrem Kind die richtigen Freunde nicht auf dem Silbertablett servieren. Ihr Kind hat sich nun einmal diese Freunde ausgesucht. Auch wenn Sie das Verhalten der Clique verdammen und kritisieren, es wird Ihnen nicht dabei helfen, Ihr Kind von Ihrer Meinung zu überzeugen. Eher hat das zur Folge, dass sich Ihr Kind mehr von Ihnen abwendet und verstärkt Halt und Anerkennung im Freundeskreis sucht.

Das bedeutet aber nicht, dass Sie das Fehlverhalten der Freunde zustimmend abnicken sollen. Wenn Sie etwas zu kritisieren haben, dann tun Sie das. Vor allem dann, wenn Sie sich Sorgen machen oder mögliche Gefahren für Ihr Kind sehen. Nur sollten

Sie die Clique nicht dauerhaft verteufeln, sonst wird Ihr Kind Sie nicht ernst nehmen. Außerdem sollten Sie nicht verlangen, dass Ihr Kind Ihren Rat unbedingt befolgt. Schließlich will Ihr Kind seine eigenen Entscheidungen treffen. Das gehört zum Erwachsen werden dazu.

Sie werden Ihr Kind nicht vor jeder Dummheit beschützen können. Vertrauen Sie einfach darauf, dass Ihr Kind klug und stark genug ist, manche Sachen nicht zu tun. Vergessen Sie nicht, dass Sie Ihrem Kind Werte vermittelt haben. Diese sind trotz der Pubertät immer noch in Ihrem Kind verankert.

Im besten Fall wird Ihr Kind merken, dass es sich um falsche Freunde handelt und die Clique von selbst verlassen. Oder Ihr Kind wird von der Clique ausgeschlossen, weil es nicht mehr reinpasst. Dann seien Sie der Fels in der Brandung und geben Sie Ihrem Kind den Halt, den es jetzt braucht. Haben Sie zuvor die Freunde unentwegt schlecht gemacht, wird es Ihrem Kid schwerfallen, bei Ihnen den Rückhalt zu suchen, den es benötigt. Sollten Sie bemerken, dass Ihr Kind auf die schiefe Bahn gerät, sollten Sie sich Hilfe suchen. Denn Schimpfen und immerzu Bestrafungen werden hier mit Sicherheit nicht helfen. Das kann auch die besten Eltern überfordern. Erziehungsberatungsstellen und Jugendtherapeuten können Ihnen Tipps geben, wie Sie sich Ihrem Kind gegenüber in so einer Situation richtig verhalten und welche Erziehungsmaßnahmen tatsächlich etwas bringen können.

Die erste große Liebe

Die erste feste Freundin/der erste feste Freund stößt bei vielen Eltern sauer auf. Denn jetzt ist es amtlich, dass Sie kein kleines

Kind mehr zu Hause haben, sondern einen fast Erwachsenen. Oft befürchten die Eltern auch, dass sie die Jugendlichen an die große Liebe verlieren könnten. Mütter beäugen die Schwiegertochter in spe kritisch und befinden keine für gut genug, sich anständig um ihren Sohn zu kümmern. Denn das kann ja bekanntlich nur die Mama.

Bei Vätern überwiegt sehr häufig der Beschützerinstinkt gegenüber ihren Töchtern. Für sie ist es schwer zu verkraften, dass ein anderer Mann ihre Tochter auch nur anfassen darf, geschweige denn Küssen oder andere Dinge, die in Richtung Sexualität gehen.

Kommt also die erste Liebe ins Haus geflattert, kann das durch die Gefühle der Eltern viel Konfliktpotenzial bereithalten. Machen Sie sich also bewusst, dass auch das Interesse zum anderen Geschlecht zum Erwachsen werden dazugehört und richtig ist. Eifersucht und ein zu großer Beschützerinstinkt Ihrerseits sind fehl am Platz. Sehen Sie es doch einfach von einer anderen Perspektive.

Wenn Sie Verständnis und Freude zeigen, wird sich Ihr Kind Ihnen eher anvertrauen, sollten in der Beziehung Probleme aufkommen. Dann sind Sie da und haben die Chance, Ihrem Kind mit Ihrer Erfahrung und Ihrem Rat zu helfen. Schießen Sie jedoch dagegen, kann es tatsächlich soweit kommen, dass Sie Ihr Kind über kurz oder lang verlieren.

Geben und Nehmen

Ihr pubertierendes Kind nabelt sich langsam, aber sicher von Ihnen ab. Es verlangt immer mehr nach Freiheit und Eigenständigkeit. Es will selbst entscheiden, was richtig und was falsch ist, welche Freunde es treffen will und wie lange es abends wegbleiben kann. Dieses Verhalten macht es Ihnen als Eltern nicht leicht. Denn oft liegen die Vorstellungen von Eltern und Jugendlichen doch weit auseinander. Zum einen möchten Sie ja, dass Ihr Kind seine eigenen Erfahrungen macht und seinen Weg im Leben selbstständig findet. Auf der anderen Seite sehen Sie aber auch die Gefahren, die in der Welt lauern. Einfach so aus dem Nest schmeißen und seelenruhig abwarten, ob Ihr Kind allein fliegen kann, kommt also auch nicht infrage. Denn ein so daher gesagtes: „Ja dann mach doch einfach, was du willst, wenn du es besser weißt!" wird von Jugendlichen oft als Freifahrtschein aufgefasst.

Sie und Ihr Kind müssen gemeinsam eine Regelung finden, die für beide Seiten akzeptabel ist. Kompromissbereitschaft bei Eltern und den Kindern ist der Schlüssel, ebenso wie Vertrauen. Kommt Ihr Kind zur abgemachten Uhrzeit nach Hause, steigt das Vertrauen und es können weitere Freiheiten, wie zum Beispiel Übernachtungen am Wochenende oder eine Verlängerung der Ausgehzeit, ausgemacht werden. Wird das Vertrauen jedoch missbraucht, dürfen Sie Ihrem Kind gewisse Freiheiten wieder entziehen.

Bis zur Volljährigkeit ist es nun mal ein Geben und ein Nehmen zwischen den Jugendlichen und ihren Eltern. Inwieweit Sie die Freiheiten Ihres Kindes ausdehnen möchten, bleibt jedoch ganz Ihnen überlassen. Orientieren können Sie sich jedoch anhand der gesetzlichen Richtlinien, wenn Sie sich unsicher sein sollten.

Umgang mit Alkohol und Drogen

Wenn Kinder zu Jugendlichen heranwachsen, kommen sie früher oder später mit Suchtmitteln in Berührung. Meist trinken viele Jugendliche zum ersten Mal gemeinsam mit ihren Freunden auf einer Party oder rauchen in der Gruppe ihre erste Zigarette. Diese Gewissheit macht vielen Eltern Angst. Denn sie befürchten, dass ihr Kind nicht nur in den Genuss von Suchtmitteln kommt, sondern im schlimmsten Fall sogar abhängig wird.

Die Faszination, die Suchtmittel auf den Menschen ausüben, liegt in ihrer chemischen Zusammensetzung. Denn sie sorgen dafür, dass der Dopaminspiegel steigt. Dopamin ist das sogenannte Glückshormon. Nehmen wir also Suchtmittel zu uns, sind wir glücklich dabei. Müssen wir aber ständig zu Suchtmitteln greifen, um glücklich zu sein? Ganz sicher nicht. Auch Jugendliche wissen das durchaus und Sie können davon ausgehen, dass Ihr Kind nicht gleich der Sucht verfällt, nur weil es einmal an einer Zigarette oder an einem Joint gezogen hat. Gefährlich wird es erst dann, wenn aus dem anfänglichen Probieren eine Gewohnheit wird und die Dosis immer weiter erhöht werden muss, damit der Jugendliche sich gut fühlt.

Vor allem Jugendliche mit einem problematischen Elternhaus greifen schneller zu Suchtmitteln, um vor ihren Problemen davonzulaufen. Deshalb ist ein stabiles, liebevolles Zuhause der sicherste Garant dafür, um Ihr Kind vor einem Suchtmittel-Missbrauch zu schützen. Taucht Ihr Kind mit einer Fahne zu Hause auf, ist das also nicht sofort ein Grund zur Panik. Denken Sie an Ihre eigene Jugend zurück. Sicherlich haben Sie mit Ihren Freunden zusammen auch das ein oder andere Mal über die Stränge geschlagen. Sind Sie deshalb gleich süchtig geworden oder haben exzessiv zu harten Drogen gegriffen? Wahrscheinlich nicht. Um dem Missbrauch von Suchtmitteln vorzubeugen, sollten Sie mit Ihrem Kind über Ihre eigenen Erfahrungen sprechen. Erzählen Sie, wie es Ihnen bei Ihrem ersten Rausch ergangen ist. Aufklären ist die beste Methode, um Ihr Kind vor einem Suchtmittel-Missbrauch zu schützen.

Führen Sie ein Gespräch auf Augenhöhe, bei dem Sie die Gefahren aufzeigen, die von den unterschiedlichen Suchtmitteln ausgehen. Versuchen Sie, alle Fragen Ihres Kindes so wahrheitsgemäß wie möglich zu beantworten. Und geben Sie zu, wenn Sie etwas nicht wissen. Denn mit Halbwahrheiten werden Sie Ihrem Kind nicht weiterhelfen können. Wenn Sie das Gefühl haben, dass Ihr Kind regelmäßig Suchtmittel konsumiert, suchen Sie sich bei den diversen Beratungsstellen Hilfe. Hier bekommen Sie alle Informationen über Drogen, Alkohol und ihre Langzeitfolgen. Im Einzelfall leisten die Drogenberatungsstellen sogar persönliche Hilfe.

13 erprobte Tipps, die Ihnen gemeinsam durch die Pubertät helfen können

Die Pubertät kommt schleichend, bleibt aber eine ganze Weile ein Teil unserer Kinder. Wie sollen Sie es da schaffen, nicht über kurz oder lang die Nerven zu verlieren? Mit diesen von Experten zusammengestellten Tipps können Sie es schaffen, so manchen Sturm unbeschadet zu überstehen, ohne dabei regelmäßig aus der Haut zu fahren.

Tipp #1: Bleiben Sie im Gespräch!

Anstatt Ihr pubertierendes Kind mit ständigem Ausfragen wie bei einem Verhör auf die Nerven zu gehen, suchen Sie das

Gespräch auf Augenhöhe. Teilen Sie miteinander Ihre Ansichten über das Leben an sich, Ihre Gefühle und Ihre Meinung.

Tipp #2: Haben Sie Vertrauen!

Natürlich haben Sie mehr Lebenserfahrung und wissen über viele Dinge besser Bescheid als Ihr Kind. Dennoch sollten Sie versuchen, Ihr Kind nicht zu bevormunden. Es muss seine eigenen Erfahrungen machen und daraus lernen. Deshalb vertrauen Sie darauf, dass Ihr Kind immer mit bestem Wissen und Gewissen handelt. Sollte Ihr Kind dennoch einmal eine schlechte Entscheidung treffen, wird es aus den Konsequenzen lernen.

Tipp #3: Auch Bemühungen zählen!

Sie können sicherlich auch nicht alles, oder? Deshalb verlangen Sie das auch nicht von Ihrem Kind. Honorieren Sie lieber, dass es sich wirklich bemüht, ein gutes Ergebnis zu erzielen. Ob dieses Ergebnis nun gut ist oder zu wünschen übrig lässt, ist zweitrangig. Wenn Ihr Kind wirklich sein Bestes gegeben hat, ist das schon sehr viel Wert und sollte Ihre Anerkennung finden.

Tipp #4: Erfolge positiv hervorheben!

Lob und Anerkennung für kleine und große Erfolge sind Balsam für die Seele und stärken das Selbstvertrauen in die eigenen Fähigkeiten. Deshalb loben Sie Ihr Kind, wenn es etwas gut gemacht hat.

Tipp #5: Sorgen Sie für klar verständliche Regeln!

Es gibt in jeder Familie Tage, da herrscht das reinste Chaos. Und das ist auch gut so. Jedoch sollte nicht nur das Chaos regieren. Jede Familie braucht feste Regeln, an die sich jeder halten muss, um ein friedliches Zusammenleben zu ermöglichen. Eine Regel könnte sein, dass jeder die Privatsphäre des anderen respektiert oder sich jeder an der Hausarbeit beteiligt. Familienregeln lassen sich wunderbar nach dem Familienessen an einem Tisch aushandeln. So finden Sie auch gleichzeitig heraus, auf welche Dinge Ihr Kind besonderen Wert legt.

Tipp #6: Kritik auf Augenhöhe

Stellen Sie Ihr pubertierendes Kind niemals in der Öffentlichkeit bloß, indem Sie vor den Augen anderer mit ihm schimpfen. Das ist demütigend und auch nicht angemessen. Vor allem dann nicht, wenn Sie rein auf Verdacht handeln. Sollten Sie ein Problem mit Ihrem Kind haben, dann klären Sie das unter vier Augen, unter Ausschluss der Öffentlichkeit.

Tipp #7: Streiten ja, beleidigen Nein!

Auseinandersetzungen innerhalb der Familie sind vollkommen normal, schließlich ist man ja nicht immer einer Meinung. Außerdem fördert ein guter Streit die persönliche Entwicklung und Reife der Jugendlichen. Jedoch sollten bei einem Streit Beleidigungen, Vorwürfe sowie körperliche Angriffe tabu sein. Vor allem Sie als Eltern sollten hier ein gutes Vorbild sein und eine gepflegte Streitkultur vorleben. Ironie, Provokationen sowie Hohn wirken sich bei einem Streit negativ aus. Versuchen Sie, solche Mittel bei einem Streit nie anzuwenden, denn diese schüren nur die Aggressivität des anderen. Bleiben Sie objektiv und sachlich beim Thema. Nur auf diese Weise kann man diskutieren und Probleme aus der Welt schaffen.

Tipp #8: Diskussionen verschieben!

Wenn sich die Gemüter erhitzt haben, ist es manchmal besser, sich eine Weile aus dem Weg zu gehen, bis man sich wieder beruhigt hat. Mit etwas Abstand kann man sich später noch einmal mit dem Streitthema auseinandersetzen. Vielleicht kommt es ja dann zu einer Lösung, die beide Seiten akzeptieren können.

Tipp #9: Fehler dürfen gemacht werden!

Versuchen Sie, sich an Ihre Jugend zurückzuerinnern. Waren Sie mit Ihren Eltern immer einer Meinung? Oder haben Sie auch ein bisschen rebelliert und dabei den ein oder anderen Fehler begangen? Fehler passieren, weil man es einfach nicht besser weiß und seine eigenen Erfahrungen machen muss. Gestehen Sie diesen Lernprozess auch Ihrem Kind zu.

Tipp #10: Entschuldigen nicht vergessen!

Es ist doch so. Auch Eltern haben nicht immer recht. Oft sagt man etwas im Streit, das unpassend, unangebracht und sehr verletzend war. Wenn so etwas passiert, sollte man sich unbedingt entschuldigen. Nicht nur der Jugendliche, sondern auch die Eltern. Es ist immer richtig, einen Fehler einzugestehen.

Tipp #11: Umarmungen tun auch Jugendlichen gut!

Nur kleine Kinder wollen in den Arm genommen werden, wenn es ihnen schlecht geht? Von wegen! Liebevolle Berührungen und Umarmungen können Angst, Wut, Trauer, Stress und andere negative Gefühle vertreiben. Manchmal sogar besser als Tausende von Gesprächen. Das Grundbedürfnis eines jeden Menschen ist Liebe und Zärtlichkeit. Berührungen setzen Glückshormone frei, diese wirken binnen weniger Minuten schmerzstillend, beruhigend sowie aufheiternd und zusätzlich wird das Stresshormon Cortisol gesenkt.

Tipp #12: Schenken Sie Liebe und Geduld!

In der gesamten Kindheit, aber vor allem in der Pubertät, brauchen Kinder jemanden an ihrer Seite, der sie annimmt, wie sie nun mal sind. Der ihnen zeigt, dass sie genau richtig sind, selbst wenn es einmal Streit gibt. Schenken Sie als Eltern Ihren Kindern dieses Gefühl der Sicherheit.

Tipp #13: Stehen Sie zu den wichtigen Dingen im Leben!

Erinnern Sie sich noch an jede Diskussion, die Sie mit Ihren Eltern geführt haben? Mit Sicherheit nicht. Denn vieles gerät in Vergessenheit. Doch die wirklich wichtigen Dinge, die Ihnen Ihre Eltern beigebracht haben, sind in Ihrem Gedächtnis verankert. Dinge wie Liebe, Respekt, Verständnis und Toleranz. Diese Werte haben Ihre Eltern durchgesetzt, auch wenn es zu dem ein oder anderen Thema heftige Diskussionen gab. Halten auch Sie an Ihren Werten fest und knicken Sie bei Dingen, die Ihnen wichtig sind, nicht ein. Auf diese Weise geben Sie Ihre Werte an Ihre Kinder weiter.

9.3 Ein adoptiertes Kind – Vertrauen aufbauen und festigen

Ein Kind zu adoptieren ist ein großer, bewundernswerter Schritt. Denn mit einem Adoptivkind wird es nicht immer einfach sein. Ist das Kind noch im Säuglingsalter, hat es an seine leiblichen Eltern keinerlei Erinnerung und wird Sie schnell als Bezugsperson akzeptieren. Mit einem älteren Kind wird es nicht ganz so einfach funktionieren. Denn es muss sich in seiner neuen Umgebung erst zurechtfinden und braucht Zeit, um zu Ihnen und den restlichen Familienangehörigen

Vertrauen aufzubauen. Jedes Kind reagiert anders, wenn es in eine neue Familie kommt. Manche gehen die erste Zeit auf Distanz, andere klammern sich regelrecht an die neue Bezugsperson. Beide Verhaltensweisen lassen sich mit der Angst des Kindes vor dem erneuten Verlassenwerden begründen. Versuchen Sie, mit Ihrem Adoptivkind so normal wie möglich umzugehen und vor allem geduldig zu sein. Denn es braucht Zeit, bis sich ein Kind in der neuen Umgebung wirklich zu Hause fühlen kann. Sie sollten sich darüber freuen, wenn die ersten kleineren Konflikte auftreten. Das bedeutet, dass sich Ihr Adoptivkind sicherer fühlt und genug Vertrauen hat, seine Bedürfnisse klar zu äußern. Schritt für Schritt wird es sich mit der Zeit immer mehr öffnen und auf Sie zugehen.

Ein leibliches Kind

Haben Sie bereits ein leibliches Kind in der Familie, kann das sowohl für das Adoptivkind wie auch für Ihr eigenes Kind belastend sein. Das Adoptivkind stellt sich vielleicht die Frage, ob es nur ein Kind zweiter Wahl ist. Vor allem dann, wenn das Adoptivkind anders aussieht als der Rest der Familie. Es wird sich vielleicht fragen, ob es wirklich gut genug ist, um Teil Ihrer Familie zu sein.

Ihr leibliches Kind wiederum könnte denken, Sie wollten es mit dem „fremden" Kind ersetzen oder Ihr Kind allein ist nicht genug, um Sie glücklich zu machen. Wir Erwachsenen wissen natürlich, dass die Bedenken der Kinder unbegründet sind. Trotzdem dürfen Sie das nicht als Lappalie abtun. Denn mit der Zeit werden sich diese negativen Gedanken in den Köpfen der Kinder festgesaugt haben und es kann zu schlimmen Auseinandersetzungen, nicht nur zwischen den Kindern, sondern auch zwischen der ganzen Familie kommen.

Darum reden Sie mit Ihrem leiblichen Kind über die Adoption und warum Sie das tun möchten. Auf diese Weise wird Ihr Kind Ihre Beweggründe besser verstehen und das Adoptivkind mehr akzeptieren. Doch auch mit Ihrem Adoptivkind müssen Sie sprechen. Über seine Ängste und Sorgen, über Ihre Gefühle und vor allem darüber, wie sehr Sie sich freuen, dass es Teil Ihrer Familie ist.

Ein Kind aus einem anderen Land

Haben Sie das Kind aus dem Ausland adoptiert, sollten Sie sich mehr Wissen über seine Heimat und dessen Kultur aneignen. Auf diese Weise lässt sich das Verhalten des Kindes meist besser verstehen. Versuchen Sie nicht, von Jetzt auf Gleich Ihrem Adoptivkind Ihre Lebensweise aufzuzwängen, denn Ihre Welt ist dem Kind fremd und wird ihm wahrscheinlich große Angst machen. Auch kann es von Vorteil sein, wenn Sie die Muttersprache Ihres neuen Familienmitglieds ein bisschen beherrschen. Damit schenken Sie ihm ein bisschen Vertrautheit in einer unvertrauten Umgebung. Mit diesen Anhaltspunkten aus seiner Vergangenheit wird es Ihrem Adoptivkind leichter fallen, sich in seinem neuen Zuhause zurechtzufinden.

Auch wenn das Adoptivkind in seinem Herkunftsland schreckliche Dinge erlebt hat, dürfen Sie diese nicht totschweigen. Lassen Sie das Kind erzählen, wenn es erzählen möchte und hören Sie interessiert und aufmerksam zu. Sie erfahren einiges über das Seelenleben des Kindes und auch, wie das Verhältnis zu den leiblichen Eltern und Verwandten war. Indem Sie Ihrem Adoptivkind erlauben, über seine Erlebnisse zu sprechen, bauen Sie Stück für Stück Vertrauen auf.

Adoptivkinder und das persönliche Umfeld

Angriffe von außen sind im Umfeld von Adoptivkindern nicht selten. Sticheleien in der Schule und herablassende Äußerungen im Bekanntenkreis kommen häufiger vor, als man vielleicht denkt. Vor allem dann, wenn das Adoptivkind anders aussieht als die restlichen Mitglieder der Familie, kommen hämische Gemeinheiten öfter vor. „Das sind ja gar nicht deine Eltern!" oder „Du bist nur ein Bastard!" sind nur zwei von vielen weiteren Beleidigungen, denen ein Adoptivkind ausgesetzt sein kann.

Bereiten Sie Ihr adoptiertes Kind darauf vor, dass es Menschen gibt, die solche Dinge sagen könnten. Machen Sie klar, dass die Adoption nichts Schlechtes ist und das Kind voll und ganz zu Ihrer Familie gehört, auch wenn es nicht Ihr leibliches Kind ist. Mit diesem Wissen wird das Selbstwertgefühl Ihres Adoptivkindes gestärkt. Somit haben diese Angriffe kaum eine Chance, Ihrem Kind ein schlechtes Gefühl zu geben.

Schlusswort

Ganz egal, wie oft wir darüber lesen und uns damit auseinandersetzen – sind wir erst einmal selbst Eltern, wird alles, was wir zu wissen glauben, auf den Kopf gestellt. Denn der Alltag mit Kindern ist ganz anders, als wir es uns auch nur im Geringsten vorstellen konnten. Auch wenn wir uns vorgenommen haben, in jeder noch so komplizierten Situation ruhig und gelassen zu bleiben, kann es uns einfach nicht immer gelingen. Unsere Kinder halten uns mit ihrem Verhalten den Spiegel vor. Es ist schwer, seine Erziehungsmethoden infrage zu stellen und sich einzugestehen, dass man etwas entscheidendes falsch gemacht hat. Doch ist Einsicht nicht der erste Schritt in die richtige Richtung?

Um sich bei Ihrem Kind den nötigen Respekt zu verschaffen, ist es nicht notwendig, viel zu schimpfen, zu drohen oder Ihre Kinder anzuschreien. Dieses Verhalten führt nur dazu, dass Ihr Kind Angst vor Ihnen bekommt oder Ihr Verhalten übernimmt. Denn es lernt von Ihnen, wie es sich anderen Menschen gegenüber zu benehmen hat. Verhalten Sie sich respektlos Ihrem Kind gegenüber, wird Ihr Kind Ihnen gegenüber wohl auch keinen Respekt zeigen. Um zu erreichen, dass Ihr Kind Ihnen zuhört und das tut, was Sie von ihm möchten, müssen Sie eine Verbindung zu Ihrem Kind aufbauen, statt durch Schimpfen, Strafen oder Schreien eine Trennung herbeizuführen. Im Idealfall bauen Sie zu Ihrem Kind eine stabile Beziehung auf, die auf gegenseitigem Vertrauen basiert. Es gibt Eltern, die drohen mit Liebesentzug oder spielen mit den Trennungsängsten ihrer Kinder, um sie dazu zu bringen, gehorsam zu sein. Auch wenn Eltern das nicht mit böser Absicht tun, ist diese Art der Machtausübung vollkommen falsch und auch sinnlos. Denn nur, weil sie in diesem Moment ihr Ziel erreicht haben und das Kind gehorcht, sind die Kinder nicht einfacher zu handhaben. Es wird dadurch eher schwieriger. Denn werden solche Erziehungsmaßnahmen öfter verwendet, kann das zu Verhaltensauffälligkeiten des Kindes führen. Und um dieses Problem wieder aus der Welt zu schaffen, muss noch viel mehr Arbeit, Geduld und Verständnis investiert werden. Das wäre nicht der Fall, hätte es keine Demonstration der elterlichen Macht gegeben, sondern Einfühlungsvermögen, aktives Zuhören und Kompromissbereitschaft.

Wenn es Probleme gibt…

Bei Problemen mit Ihrem Kind ist es wichtig, sich nicht komplett auf den Vorfall selbst zu konzentrieren. Eher ist es wichtig, dass Sie sich auf Ihre Beziehung zu Ihrem Kind konzentrieren. Wie leicht lassen wir uns von unserem Kind mit seiner Wut anstecken und merken, wie schnell diese Wut in uns anfängt zu brodeln. Wenn Sie jedoch wütend um sich schlagen und schimpfen, wird Ihr Kind nichts aus der Situation lernen. Es hat nur verstanden, dass Sie wütend geworden sind und es bestraft wurde. Im Laufe ihres Heranwachsens haben Kinder so einiges zu lernen. Sie müssen herausfinden, wie sie mit Wut und Frust umgehen können, warum sie teilen sollen, wie sie mit ihren Mitmenschen umgehen sollen. Sie müssen lernen, dass sie auch mal verzichten müssen, dass nicht immer alles nach ihrem Kopf gehen kann und dass ein Nein auch mal akzeptiert werden muss. So viele Herausforderungen zu meistern ist ganz schön viel verlangt. Da kann es schon einmal vorkommen, dass Ihrem Kind alles zu viel wird und es wegen einer Nichtigkeit anfängt zu schreien oder zu weinen. Ihre Reaktion sollte in diesem Fall nicht sein, Ihr Kind für sein Benehmen zu tadeln. Denn eigentlich macht es ja nichts falsch. Es weiß nur nicht genau, wo es mit seinen Gefühlen hin soll. Lassen Sie Ihr Kind ab und an auch mal weinen und schreien. Bleiben Sie in der Nähe und seien Sie da, um Ihr Kind aufzufangen und ihm einen sicheren Hafen zu geben, damit es mit sich und seinen Gefühlen ins Reine kommen kann.

Wenn sich das Kind nicht ändert, dann ändern Sie die Welt Ihres Kindes

In diesem Buch haben Sie gelernt, dass Ihr Kind vor allem Ihre Anleitung, Ihren Zuspruch und Ihre Liebe braucht, um gesund heranzuwachsen und seinen Platz in unserer Gesellschaft zu finden. Durch Verhaltensauffälligkeiten und Trotz will Ihr Kind Sie nicht absichtlich ärgern und Sie wütend machen. Das ist wohl das Letzte, was Ihr Kind möchte. So viel sollte inzwischen klar sein. Nein, Ihr Kind möchte, dass Sie ihm zuhören. Dass Sie die Signale verstehen, die es Ihnen sendet. Ihr Kind will nicht allein in sein Bett? Dann hat das nichts damit zu tun, dass es länger wach bleiben will.

Wahrscheinlich sucht es Ihre Nähe, braucht die Geborgenheit der Eltern, weil es einen aufregenden Tag hatte. Durch ein tiefes Verständnis für Ihr Kind können Sie durch das trotzige Verhalten Ihres Kindes hinwegsehen und das erkennen, was wirklich in ihm vorgeht. Dazu müssen Sie jedoch lernen, genau hinzuhören und auch die feinen Nuancen herauszufiltern, die sich hinter dem Schreien und Weinen Ihres Kindes verbergen. Natürlich hilft es sicherlich nicht, ständig die Umstände rund um Ihr Kind zu verändern, wenn es schwierig wird. Denn es muss auch lernen, selbstständig Lösungen für seine Probleme zu finden. Diese Erfahrung dürfen Sie Ihrem Kind nicht vorenthalten.

Eher sollten Sie Ihr Kind bei seinen Entwicklungsprozessen begleiten und unterstützend zur Seite stehen. Auch, und vor allem, wenn Ihr Kind eine schwierige Aufgabe zu bewältigen hat, dürfen Sie ihm diese nicht abnehmen. Sondern Sie müssen Ihrem Kind dabei helfen, es selbst zu schaffen. Das erreichen Sie allerdings nicht, indem Sie es unter Druck setzen und schimpfen, wenn es nicht funktioniert.

Einen Erfolg erzielen Sie nur dann, wenn Sie Ihrem Kind genügend Selbstvertrauen vermitteln und es darin bestärken, dass es sein Ziel mit etwas Mühe erreichen wird. Nur wenn Sie als Eltern in der Lage sind,

- Ihr Kind so anzunehmen, wie es ist. Mit all seinen guten und schlechten Seiten

- Ihr Verhalten Ihrem Kind gegenüber ehrlich zu reflektieren

- Ihre Fehler einzugestehen

- sich von Stress, Angst, Wut oder Trauer nicht mehr überrollen zu lassen

- in Konfliktsituationen einen kühlen Kopf zu bewahren

- offen und ehrlich mit Ihrem Kind auf Augenhöhe zu sprechen

- aktiv zuzuhören und zu verstehen, wie sich Ihr Kind fühlt

- Ihrem Kind die Freiheiten zu geben, die es braucht

- gewisse Grenzen zu setzen, in denen sich Ihr Kind frei bewegen kann, dann können Sie es auch schaffen, Ihr Kind nicht mit Schimpfen und Schreien, sondern mit Herz, Verstand und viel Verständnis zu erziehen.

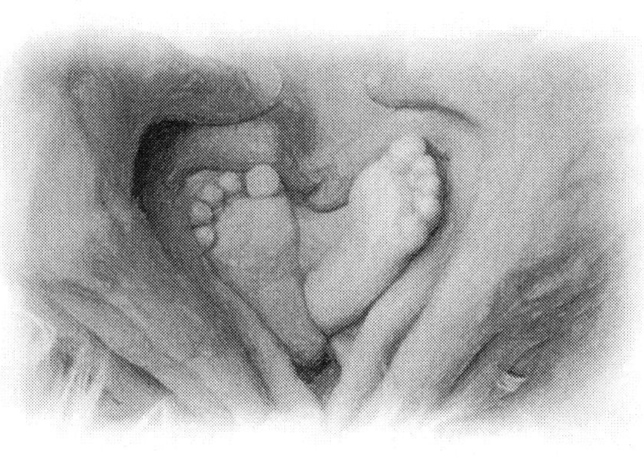

Hat Ihnen dieses Buch gefallen? Danke, dass Sie es gelesen haben. Wenn Sie nur einen Bruchteil mitnehmen können, hat es sich mit Sicherheit gelohnt. Schließlich können wir uns für das Wohl unserer Kinder nie genug umschauen. Denn sie sind es, die unsere Welt schon morgen mitgestalten. In diesem Sinne: **Vielen lieben Dank aus tiefstem Herzen!**

Auf der nächsten Seite wartet nun abschließend ein Geschenk auf Sie. Nehmen Sie es gerne an! Es handelt sich um eine MP3 mit positiven Affirmationen zur tiefen Entspannung und für den Aufbau von innerer Stärke. Eingesprochen wurde sie von Michael Repkowsky, Gründer von „GESUNDER GEIST“ und mehrfacher Bestsellerautor.

Laden Sie sich die Datei jetzt runter, indem Sie jetzt folgende Adresse besuchen: www.gesunder-geist.com

Haben Sie eine angenehme Reise – **herzlichen Dank.**

Ein Geschenk als zusätzliches Dankeschön:

Entspannen – Loslassen – Auftanken

Laden Sie sich jetzt gleich die **kostenlose Audiodatei** runter. Darauf hören Sie **positive Affirmationen**, gesprochen von Michael Repkowsky.

Über 12 Minuten lang positive Affirmationen, mit **entspannender Musik** unterlegt (Binauraler Beat – Heilende Frequenzen).

"ICH LIEBE MICH SELBST"

Hier geht es direkt zu Ihrem Geschenk:

www.gesunder-geist.com

Unsere Buchempfehlungen:

~

"Wie schafft man es, sich weniger Gedanken darüber zu machen, was andere über einen denken?"

Dieses Buch enthüllt Methoden zur Steigerung der Bewusstheit & verknüpft diese mit Ansätzen, welche Ihnen wieder ein selbstbestimmtes Leben ohne Sorgen ermöglichen soll.

~

Die **Vergangenheit loszulassen**, stellt sich oftmals als schwierige Herausforderung dar.

Dennoch ist es hier, **heute & jetzt möglich** - auch für dich!

Befreie dich von Schamgefühlen & lass bohrende Schuldgefühle endlich los - und zwar **dir zuliebe**!

~

Wer selbstbewusst ist, kann selbstbestimmt leben.

Ein gesundes Selbstbewusstsein ist gewissermaßen die Quelle, aus der unsere Lebensfreude sprießt.

Dieses Buch verhilft zu einem **starken Selbstwertgefühl, mehr Selbstvertrauen und allgemeiner Selbstsicherheit.**

~

Energievampire sind meist negativ
denkende Menschen, die in der Lage sind,
uns **wertvolle Lebensenergie zu rauben.**

Selbst kurze Gespräche können mühsam für uns sein.

In diesem Buch findest du **effiziente Tipps, Anregungen & Ideen,** welche dir im **erfolgreichen Umgang mit Energievampiren helfen.**

~

In dieser Lektüre schlägt der Autor die
Brücke zwischen der rationalen Welt
& der Unendlichkeit des Allseins.

Erfahre **bewährte Tipps & Methoden**, sodass dein
achtsamer **Einstieg** in die friedvolle Gegenwärtigkeit
vonstattengehen kann!

Das große Malbuch für Erwachsene!

+ 70 positive Affirmationen im A4-Format

Jedes Mandala mit einer gereimten
Affirmation kombiniert.

Für mehr Bewusstheit & Achtsamkeit

für dein Leben im Hier & Jetzt

Impressum:

Herausgeber: Michael Repkowsky

Postfach: Stumpergasse 54/9a,
1060 Wien

E-Mail: gesundergeist@gmx.at